Security and Prosperity Partnership of North America

Alianza para la Seguridad y la Prosperidad de América del Norte

Partenariat Nord-américain pour la Sécurité et la Prosperité

D1377734

Report to Leaders / Annex
Reporte a los Mandatarios / Anexo
Rapport aux Chefs / Annexe

june
junio
juin

2005

Library and Archives Canada Cataloguing in Publication

Security and prosperity partnership of North America = Alianza para la seguridad y la prosperidad de América del Norte = Partenariat nord-américain pour la sécurité et la prospérité.

Text in English, Spanish and French.

Available also on the Internet.

Co-published by the governments of the United States and Mexico.

Cat. no. CP22-81/2005
ISBN 0-662-69114-8

1. Canada–Relations–United States. 2. Canada–Relations–Mexico. 3. United States–Relations–Canada. 4. Mexico–Relations–Canada. 5. National security–North America. I. Canada II. United States III. Mexico IV. Title: Alianza para la seguridad y la prosperidad de América del Norte V. Title: Partenariat nord-américain pour la sécurité et la prospérité.

FC244.N7S42 2005   327.7107   C2005-980168-9E

Catalogage avant publication de Bibliothèque et Archives Canada

Security and prosperity partnership of North America = Alianza para la seguridad y la prosperidad de América del Norte = Partenariat nord-américain pour la sécurité et la prospérité.

Texte en anglais, en espagnol et en français.

Également disponible sur Internet.

Publ. en collab. avec les gouvernements des États-Unis et du Mexique.

N° de cat. CP22-81/2005
ISBN 0-662-69114-8

1. Canada – Relations – États-Unis. 2. Canada – Relations – Mexique. 3. États-Unis – Relations – Canada. 4. Mexique – Relations – Canada. 5. Sécurité nationale – Amérique du Nord. I. Canada II. États-Unis III. Mexique IV. Titre : Alianza para la seguridad y la prosperidad de América del Norte. V. Titre : Partenariat nord-américain pour la sécurité et la prospérité.

FC244.N7S42 2005   327.7107   C2005-980168-9F

Security and Prosperity Partnership of North America

Report to Leaders

June 2005

Table of Contents

PROSPERITY

Manufactured Goods and Sectoral and Regional Competitiveness

Manufactured Goods and Sectoral and Regional Competitiveness:
Enhancing and Streamlining Regulatory Processes in North America

INITIATIVE	HOW IT BENEFITS NORTH AMERICA	KEY MILESTONES
Develop a trilateral Regulatory Cooperation Framework by 2007.	The framework will support and enhance existing cooperation as well as encourage new cooperation among regulators, including at the outset of the regulatory process, and encourage the compatibility of regulations and the reduction of redundant testing and certification requirements, while maintaining high standards of health and safety.	Form a trilateral "core" group to work on drafting the framework: by fall 2005. Hold a trilateral seminar on regulatory cooperation to review the regulatory systems of Canada, the U.S. and Mexico. This should work toward determining ways and means of enhancing cooperation: by March 2006. Finalize a framework for trilateral regulatory cooperation: by 2007. Monitor cooperation efforts, with a view to producing a progress report/assessment: by 2008.

Manufactured Goods and Sectoral and Regional Competitiveness:
Steel: A Strategic Partnership – A Strategic Industry

INITIATIVE	HOW IT BENEFITS NORTH AMERICA	KEY MILESTONES
Pursue a North American Steel Strategy.	The three governments have agreed to pursue a North American Steel Strategy to promote growth, competitiveness and prosperity. The strategy will benefit North American manufacturers in the steel sector by reducing distortions, facilitating trade and enhancing steel market stability. The competitiveness and productivity of the steel industry will be improved through innovation and market development.	North American governments will coordinate their comments on the OECD "Blueprint" for a steel subsidies agreement: June 2005. Create a small, trilateral government-industry working group to draft a detailed work program for implementation of the key priorities of the steel sector strategy: Report to be tabled for discussion at the November 2005 North American Steel Trade Committee meeting. Governments to confer with their steel industries and one another on the WTO Ministers meeting in Hong Kong in December 2005. Governments to meet to discuss their monitoring systems to share best practices, successes and potential ways to improve import monitoring: by March 2006.

Manufactured Goods and Sectoral and Regional Competitiveness: Moving Toward a Fully Integrated Auto Sector

INITIATIVE	HOW IT BENEFITS NORTH AMERICA	KEY MILESTONES
Create the trilateral Automotive Partnership Council of North America.	The automotive sector-led Automotive Partnership Council of North America (APCNA) is a mechanism for the North American governments to work with interested stakeholders to ensure the competitiveness of the automotive sector and address the full spectrum of issues ranging from regulation to innovation, transportation infrastructure and border facilitation.	Formally establish the APCNA: by September 2005. The APCNA to make recommendations to governments on key challenges and opportunities.
Promote greater compatibility in autos and auto parts regulations, standards and conformity assessment, while ensuring safety and environmental protection.	Compatibility in this sector will ensure that existing and future mandatory regulations and testing procedures enhance trade and competitiveness, while ensuring safety and environmental protection.	The NAFTA Automotive Standards Council and the NAFTA Land Transportation Standards Subcommittee both will meet to consider standards, regulations and conformity assessment procedures identified by stakeholders.
Coordinate Canada, U.S. and Mexico safety and environmental regulation development with UN/ECE/Global Technical Regulations.	North American coordination in safety and environmental regulation development will be significantly improved with the participation of all three countries in the Working Party 29 (WP29).	The process that Mexico began in order to participate in the WP29 group has finished. Therefore, Mexico has decided to participate in the group.

Manufactured Goods and Sectoral and Regional Competitiveness: A Fake-Free North America

INITIATIVE	HOW IT BENEFITS NORTH AMERICA	KEY MILESTONES
Combat counterfeiting and piracy.	North Americans share a common goal of combatting the counterfeiting and piracy of goods, which weakens the incentive to create, harms economic development and can have public health and safety implications. Organized crime syndicates increasingly use global trading lanes to distribute and sell counterfeit and pirated goods worldwide, costing legitimate intellectual property rights holders in North America billions of dollars each year.	Seek to develop a coordinated strategy aimed at combatting counterfeiting and piracy, and focusing on enhancing detection and deterrence of counterfeiting and piracy, expanding public awareness and outreach efforts regarding trade in pirated and counterfeit goods, and developing measurements to assess progress over time and to estimate the magnitude of the problem: by 2006.

Manufactured Goods and Sectoral and Regional Competitiveness: Other Initiatives

INITIATIVE	HOW IT BENEFITS NORTH AMERICA	KEY MILESTONES
Conclude arrangement recognizing corresponding Canada and U.S. specifications for containers used to transport dangerous goods.	This will contribute to ensuring that goods can flow seamlessly across borders.	Relevant authorities will meet to begin discussions.
Undertake an accelerated program to promote mutual recognition of results from testing laboratories with respect to measurement standards in North America.	Products tested with equipment whose measurement results are traceable to the physical standards of one North American country will be acceptable in all three countries. This will reduce redundancy in testing and high costs for manufacturers.	Mutually recognize results from testing laboratories that make dimensional and automotive emission measurements: by March 2006. Mutually recognize results from testing laboratories with respect to flow measurements for sulphur emissions of fuel oil and general chemical measurements: by March 2007. Develop a work plan for long-term cooperation in metrology: by March 2007.
Facilitate trade in medical devices.	A reduction in the number of regulatory quality management system audits manufacturers must undergo would lead to a reduction in regulatory burden and costs. Regulatory cooperation may also lead to the convergence of standards, thereby reducing unnecessary differences in technical requirements and promoting earlier product approvals.	Eligible Canadian and Mexican small and medium-sized medical device companies have been given access to the U.S. FDA's medical devices small business discount. Canada and the U.S. to pursue opportunities for cooperation with regard to third-party quality systems audit/inspection programs: by March 2008. Work toward greater North American convergence of regulatory practices through the use of Global Harmonization Task Force (GHTF) guidances: by March 2008.

Manufactured Goods and Sectoral and Regional Competitiveness:
Other Initiatives

INITIATIVE	HOW IT BENEFITS NORTH AMERICA	KEY MILESTONES
Pursue greater market access of natural health products in North America.	Manufacturers of natural health products will benefit from market access opportunities for their products.	Canada, U.S. and Mexico authorities will participate in a roundtable discussion to exchange information regarding domestic conformity assessment procedures: by September 2005.
Pursue development of a mutually acceptable approach for Canada and the U.S. to share a single notification assessment for the introduction of new chemical substances, under the Canada-U.S. Four Corners Agreement and/or OECD Pilot project on Mutual Acceptance of Notification.	Sharing the single notification and assessment information related to new chemicals will reduce the time and expense of the assessments.	Initiate steps to begin cooperative preparation and exchange of assessment documentation between the parties. Develop a trilateral inventory of chemicals in commerce. Assess the results of the two-year OECD pilot project Mutual Acceptance of Notification.
Engage in a common approach for textile labelling.	Harmonization of labelling requirements will reduce costs for manufacturers and facilitate trade in textile and apparel trade between the Parties.	Finalize and sign an arrangement on "care labelling symbols" for textiles and apparel. Develop a common approach to identify the dealer identity for textiles articles.

Manufactured Goods and Sectoral and Regional Competitiveness: Other Initiatives

INITIATIVE	HOW IT BENEFITS NORTH AMERICA	KEY MILESTONES
Enhance regulatory cooperation in marine safety equipment and pleasure craft.	This will promote market access and reduce costs.	Determine the need and desirability for negotiating an equivalency agreement, and identify the product categories and standards/regulations for coverage for marine equipment. Determine the need for negotiating a mutual recognition agreement to recognize certificates of conformity for the construction of pleasure craft.
Strengthen and enhance the exchange of information and public health and safety cooperative activities related to the safety of consumer products.	The Memoranda of Understanding will establish mechanisms where sharing and exchange of information related to risk management, enforcement/compliance, laboratory testing, recall, regulatory development, and post-marketing surveillance will improve consumer product safety in North America.	Finalize and sign a Memorandum of Understanding between the U.S. and Canada: June 2005. Finalize and sign a Memorandum of Understanding between the U.S. and Mexico. Initiate negotiations on a potential Memorandum of Understanding between Canada and Mexico.
Work to more effectively identify and respond to factors affecting the competitiveness of the North American economy.	The fast-changing dynamics of globalization offer significant opportunities but also pose common challenges for North American firms. North American governments are also affected and must be flexible and rapid in their responses. Building on the work of existing organizations that provide strategic advice on ways to strengthen the North American economy will help the governments identify these issues.	Develop a proposal for consideration by Ministers that would build upon the work of existing organizations: by March 2006.

Manufactured Goods and Sectoral and Regional Competitiveness: Other Initiatives

INITIATIVE	HOW IT BENEFITS NORTH AMERICA	KEY MILESTONES
Explore opportunities for collaboration in other key areas, including biotechnology, nanotechnology, supply chains and logistics management, forest products, small and medium-sized enterprises (SMEs), building materials, fibre content labelling, Green Suppliers Network, and on an approach to emerging markets.	The Security and Prosperity Partnership of North America commits the North American governments to an ongoing process of cooperation, with new items being added to the work agenda by mutual agreement as circumstances warrant. To continue the efforts to enhance the competitiveness and improve the quality of life of the people of North America on an ongoing basis, the North American governments have agreed to explore opportunities for collaboration in other areas that could be added to the work agenda beyond the June announcement. For example, the governments will consult with SME stakeholders on ways of addressing their particular challenges within a North American context.	Develop and report on potential initiatives.

Movement of Goods

Movement of Goods: Expanding duty-free treatment through rules of origin liberalization, covering at least $30 billion in trilateral trade by 2007

INITIATIVE	HOW IT BENEFITS NORTH AMERICA	IMPLEMENTATION TIMELINE
Reduce "rules of origin" costs on goods traded between our countries.	Liberalizing the rules of origin will reduce administrative burdens as well as provide producers with more flexibility in sourcing components for use in the production of their goods. This will make it easier for exporters to qualify for NAFTA duty-free rates and should lead to enhanced trilateral trade.	June: Announce completed trilateral implementation of Track I round of rules of origin changes. By September 30, 2005, complete public consultations on Track II round of rules of origin changes. Aim to implement Track II round of rules of origin changes by January 1, 2006, but no later than mid-2006. By May 1, 2006, complete negotiations on Track III round of rules of origin changes, aiming for as comprehensive and ambitious a package as possible.
Explore opportunities for trade facilitation.	Initiatives aimed at facilitating trade in goods will enhance trade opportunities between the three countries.	Consultations with interested stakeholders will commence immediately, aimed at identifying priorities for trade facilitation. In the latter part of 2005, the three countries will meet to discuss specific proposals, reflecting input received during the consultations.

E-Commerce and ICT

E-Commerce and ICT: Maximize on-line Business and Consumer Confidence

INITIATIVE	HOW IT BENEFITS NORTH AMERICA	KEY MILESTONES
Framework of Common Principles for Electronic Commerce	Framework principles will support the conduct of transborder e-commerce that will promote the growth of on-line business in North America by strengthening consumer confidence through privacy protection, the mutual recognition of electronic signatures and documents, and through the streamlining of cross-border electronic commerce practices and procedures. The Framework addresses the respective roles of government and the private sector, facilitating transparency and security, as well as the development of the e-commerce marketplace. It will also accelerate ICT use by eliminating barriers to e-commerce in cross-border transactions.	Framework signed June 2005 Implementation of work elements by March 2007
Give legal effect to the use of electronic signatures and e-contractual transactions.	This development will foster the growth of cross-border electronic transactions, recognizing electronic signatures and documents as legal instruments.	Approaches and issues identified by December 2005 Draft procedures by June 2006 Implementation by March 2007

E-Commerce and ICT: Maximize on-line Business and Consumer Confidence

INITIATIVE	HOW IT BENEFITS NORTH AMERICA	KEY MILESTONES
Implementation of the Inter-American Telecommunication Commission (CITEL) Mutual Recognition Agreement on Conformity Assessment	This will streamline the process for equipment suppliers and reduce the costs associated with duplicate testing or conformity assessments of certain telecommunications equipment before it can be sold in the North American marketplace.	Implementation of *Phase I* (i.e. acceptance of test results from recognized laboratories): U.S. and Canada – June 2005 Mexico – Begin implementation by June 2006 Implementation of *Phase II* (i.e. acceptance of product certification from recognized certification bodies): U.S. and Canada – post-2007 Mexico -- based on the experience of *Phase I*, explore the possibility of implementing *Phase II* by March 2008
Explore agreement on mechanisms to ensure bilateral/trilateral consultations on telecommunications and spectrum policy issues.	Provides each country with enhanced ability to develop common approaches and positions for international bodies (International Telecommunications Union, CITEL) and bilateral bodies (High Level Consultative Commission [Mexico-U.S.], Radio Technical Liaison Committee [Canada-U.S.]), further collaboration on spectrum policy and technical regulations, reinforcing the importance of ICT to respective economies.	Work plan to be developed by December 2005
Appropriate agencies/ departments will discuss procedures for expediting the negotiation and conclusion of new or amended agreements for coordination and sharing of frequency bands in border areas.	Canada, Mexico and the United States have large geographical areas in the border regions, each with considerable populations, including large urban centres. As new wireless technologies and services continue to emerge at an increasing rate, any agreements for sharing frequency bands will be timely, with extensive and positive impact.	Initial discussions by December 2005

Financial Services

Financial Services

INITIATIVE	HOW IT BENEFITS NORTH AMERICA	KEY MILESTONES
Evaluate current technical assistance programs for bank, securities and insurance regulators and supervisors.	Contributes to more effective development and implementation of regulatory initiatives by providing financial sector supervisors with the tools to protect consumers and maintain the integrity of the financial systems in the NAFTA jurisdictions.	Inventory existing technical assistance training programs to consider need for potential new training areas: by December 2005.
Encourage cooperation on financial literacy/financial education.	Promotes the use of the formal financial sector, improved financial products and services, and competition.	Increase contacts and consultations among U.S. and Mexican agencies on how to share experience on financial literacy/financial education: by December 2006.
Mexico and U.S. to promote efficiencies and encourage use of FedACH International Mexico automated clearing-house mechanism.	Contributes to a more consolidated continental financial infrastructure and the reduction of costs for cross-border transactions.	Hold joint U.S.-Mexico promotional sessions for FedACH International mechanism at Mexican consulates in the U.S. under the "Directo a Mexico" program: by June 2006. NAFTA Financial Services Committee to report on feasibility of transforming the U.S.-Mexico one-way automated clearing-house mechanism into a bidirectional mechanism: by June 2007.
Canada and U.S. to consider elimination of withholding taxes and branch-level interest tax imposed on cross-border interest payments.	Ensures that the tax treaty reflects both the evolution of domestic tax policies and the needs of cross-border business and trade.	Canada and U.S. treaty negotiators to discuss in context of current negotiations.

Financial Services

INITIATIVE	HOW IT BENEFITS NORTH AMERICA	KEY MILESTONES
Strengthen financial sector information sharing.	Contributes to improving tax administration and reduced costs in the provision of banking services.	NAFTA Financial Services Committee to consult with tax authorities and report on recommendations for improvement in financial information-sharing arrangements: by December 2005.
Encourage discussion of issues surrounding enhanced cross-border transactions through a direct access to the existing electronic trading platforms of stock exchanges and derivative exchanges across the region without compromising investor protection.	Supports the strengthening of capital markets and the more efficient provision of securities services through reduced transaction costs and a lower cost of capital for firms.	Begin dialogue with regulators regarding direct access to existing stock exchanges: by June 2007.
Seek ways to improve the availability and affordability of insurance coverage for carriers engaged in cross-border commerce in North America.	Contributes to improving access to capital and wider competition in the insurance marketplace.	U.S. and Canada to work toward possible amendment of the U.S. Federal Motor Carrier Safety Administration Regulation to allow Canadian insurers to directly sign the MCS-90 form concerning endorsement for motor carrier policies of insurance for public liability: by June 2006. Facilitate and increase tourism flows by various means, including the possibility of exploring the establishment of cross-border personal auto insurance: by June 2007.

Financial Services

INITIATIVE	HOW IT BENEFITS NORTH AMERICA	KEY MILESTONES
Encourage identification of issues of common regulatory concern and other financial and regulatory issues of interest to particular parties and work together to facilitate cooperation.	Serves to strengthen the financial systems in the three countries while maintaining high standards of safety and soundness, and of investor protection. It also serves to strengthen financial services' role as a support to increase efficiency and productivity generally, which will allow firms in all sectors across North America to strengthen their competitive positions, thus bringing more and better opportunities for the development of the three countries.	Financial Services Working Group to encourage regulators to identify issues of common regulatory concern: Report on outcomes of these consultations by December 2007.

Transportation

Signature Initiative: North American Air Transportation: Expanding Our Horizons

INITIATIVE	HOW IT BENEFITS NORTH AMERICA	KEY MILESTONES
Explore opportunities for expanding air transportation relations on a bilateral and trilateral basis.	Encourages the development of new markets, new services, lower prices and greater competition to the benefit of North Americans while ensuring a strong and vibrant air transportation industry in North America that is well positioned to pursue greater opportunities in international markets.	Engage in negotiations in 2005-06 on a bilateral basis. Initiate dialogue to identify issues by the end of 2006 in moving toward a trilateral agreement.
Increase North American airspace capacity and allow aircraft to safely fly more-efficient routes.	Implementing Reduced Vertical Separation Minimum (RVSM) promotes efficient and safe use of airspace and reduces costs to air carriers and citizens.	RVSM was implemented concurrently by all three states in January 2005 as originally scheduled and agreed to. The initiative is complete and has yielded the increased capacity anticipated.
Reach an agreement that allows business aviation, including fractionally owned aircraft, to fly freely between any and all three countries.	Allows North American entities to make greater use of their own aircraft to advance their business objectives. Increases efficiency of business aviation by reducing costs and bureaucracy.	Consult stakeholders and establish a compatible North American fractional ownership regulatory regime in 2005. Address economic barriers to an "open" trilateral regime by identifying constraints at the national level and determining how they can be addressed, and reaching agreement on an equitable regime applying to all three countries. Agreement to be completed and implemented in 2006.

Signature Initiative: North American Air Transportation: Expanding Our Horizons

INITIATIVE	HOW IT BENEFITS NORTH AMERICA	KEY MILESTONES
Enhance aviation safety and air navigation.	Safer North American skies through harmonized standards for the implementation of RNAV (area navigation)-RNP (Requirement Navigation Performance) across North America. This simplifies training and improves efficiency for air carriers.	Establish a joint strategy for RNAV-RNP harmonization and sign a formal statement in 2005.
	Implementing an operational Wide Area Augmentation System (WAAS), based on the U.S. Global Positioning System (GPS), throughout North America increases navigational accuracy across North America.	Install five WAAS stations in Canada and Mexico in 2005. Install four more WAAS stations in 2006.
	Implementing an automated flight data exchange between cross-border air traffic control facilities leads to increased safety and capacity.	Continue consultations to develop joint positions in 2005.
Work toward a Mexico-U.S. Bilateral Aviation Safety Agreement (BASA).	Negotiations of a Memorandum of Cooperation to work toward this objective would be the first concrete step toward an eventual BASA between the U.S. and Mexico. Signing a BASA would facilitate the transfer and sale of aeronautical products within North America.	By the end of 2006, sign a Memorandum of Cooperation.

Signature Initiative: Safer, Faster and More Efficient Border Crossings

INITIATIVE	HOW IT BENEFITS NORTH AMERICA	KEY MILESTONES
Use new or enhanced mechanisms to support border planning, information sharing and communications.	The use of bilateral mechanisms such as the U.S.-Canada Transportation Border Working Group and the U.S.-Mexico Joint Working Committee on Transportation Planning will allow for better planning for future priority investments in border infrastructure. The United States and Canada will complete a border infrastructure compendium and develop an implementation plan for priority infrastructure investments at key land border ports of entry, improve border trade and traffic information, improve the efficiency of border agencies and the cross-border movement of people and goods, enhance the use of supporting technologies, and improve border transportation planning and coordination. Methods for detecting bottlenecks on the U.S.-Mexico border will be developed and low-cost/high-impact projects identified in bottleneck studies will be constructed or implemented. Together, these measures will create safer, faster and more efficient border crossings, improve trade flow and enhance the prosperity of North Americans.	Revitalize the Canada-U.S. Transportation Border Working Group and the U.S.-Mexico Joint Working Committee on Transportation Planning by the end of 2005. Complete a Canada-U.S. border infrastructure compendium and develop an implementation plan for priority infrastructure investments at key land border ports of entry by 2008. Conduct ongoing consultation, as appropriate, with stakeholders, including Mexican Secretariat of Communications and Transportation (SCT) and U.S. Trade Development Administration (USTDA). Initiate new studies on the main NAFTA corridors between Mexico and the U.S. and develop a methodology to relieve bottlenecks within the highway network and at ports of entry by mid-2006 (9 months). Convene a U.S.-Mexico transportation financing seminar in the summer of 2005 and conduct follow-up workshops on innovative approaches to financing projects along the border in 2005-06 (12 months).

Signature Initiative: Safer, Faster and More Efficient Border Crossings

INITIATIVE	HOW IT BENEFITS NORTH AMERICA	KEY MILESTONES
Track and analyze border trade and traffic flows using modern technologies.	Tracking transportation statistics and infrastructure needs and addressing information gaps will enhance trilateral trade flow awareness, support needs analysis and allow for more effective long-term planning. This will support the optimized use of North American border infrastructure and aid in continental transportation architecture development. Addressing border information flow architecture would improve the efficiency of border agencies by enhancing interoperability of technologies and would reduce costs.	Maintain and update trinational data held in the North American Transportation Statistics Interchange. Complete update in September 2005. Implement weigh-in-motion (WIM) technology projects in Canada and at Canada-U.S. border crossings to improve border trade and traffic flow data collection and analysis in 2005-06. Beginning in 2005, conduct analysis and modelling of U.S.-Mexico border infrastructure and trade flows to support the development of enhanced border architecture. Model 21 ports of entry with Mexican Border Wizard. Develop a U.S.-Mexico Geographical Information System (GIS) in 2006 (18 months). Complete final version of Border Information Flow Architecture and pursue opportunities for a pilot project. Support the Intelligent Transportation Systems (ITS) Architecture design for Mexico.
Facilitate border trade and traffic flows.	Expanding border infrastructure and cross-border commuter services enhances trade flows by reducing border delays.	Expand the construction of six new express lanes for SENTRI or NEXUS on the Mexican-U.S. border by the end of 2006. Implement a secure cross-border commuter service on the U.S.-Mexican border between El Paso and Ciudad Juárez by December 2005.

Other Transportation Initiatives

INITIATIVE	HOW IT BENEFITS NORTH AMERICA	KEY MILESTONES
Enhance shortsea shipping.	The greater use of shortsea shipping in North American transportation and trade has the potential to improve the utilization of waterway capacity, reduce congestion and transportation costs, enhance modal integration, and facilitate the cross-border movement of goods and people. Shortsea shipping has the potential to increase the efficiency of a more fully integrated North American transportation system in order to meet current and future transportation demands.	Hold a continental Shortsea Shipping conference by spring 2006. Implement the Memorandum of Cooperation by 2007. Establish a Canada-U.S. joint study/research project in 2005 for completion by 2007.
Coordinate North American rail safety.	Increases the efficiency of cross-border rail traffic flows by harmonizing safety procedures and exchanging information.	Continue to conduct bi-annual senior management meetings to consider ways of promoting rail safety and facilitating cross-border flows of rail traffic. In 2005, evaluate procedures at critical crossing points. Continue and expand joint safety inspections at border locations in 2005 Examine rail safety regulations to identify opportunities for further harmonization by the end of 2006.

Other Transportation Initiatives

INITIATIVE	HOW IT BENEFITS NORTH AMERICA	KEY MILESTONES
Recognize and harmonize North American motor carrier regulations and standards.	Improves commercial road transportation efficiency by coordinating, where feasible, vehicle weight and dimension (VWD) standards and administration. Recognition and harmonization of motor carrier medical standards and safety ratings will improve flexibility for motor carriers, thus reducing transportation costs and promoting increased trade flows.	Hold scoping meetings in 2005 and early 2006 to identify specific, potentially resolvable VWD issues. By 2010, recommend coordination methods and implement appropriate standards and administration adjustments. In 2005, meet to develop critical path to address motor carrier medical standards harmonization. In 2005, establish a pre-notification protocol to advise SPP partners of impending safety regulations that could have a significant impact on motor carriers. By the end of 2007, establish procedures for the electronic exchange of motor carrier safety data. By the end of 2007, develop a system of reciprocal recognition of motor carrier safety ratings.
Examine the benefits of an intermodal transportation concept for North America.	A North American intermodal transportation network has the potential to enhance transportation efficiency, reduce cross-loading delays and increase flexibility for trans-border trade flows.	Develop an intermodal transportation concept by the end of 2006. Work toward establishing an intermodal corridor work plan and a Memorandum of Cooperation and pilot project.

Energy

Energy: Creating a sustainable energy economy for North America

INITIATIVE	HOW IT BENEFITS NORTH AMERICA	KEY MILESTONES

Expand science and technology collaboration.	Our countries will work together to promote cleaner and more efficient energy sources and technologies.	By June 2006, hold meeting of the three governments to explore possibilities of enhanced cooperative research and development in areas including:
		  o Methane hydrates
		  o Unconventional natural gas resources
		  o Enhanced oil recovery
		  o Carbon sequestration regional partnerships
		  o North American Clean Coal Initiative
		  o Oil and natural gas technology joint research and development
		  o Hydrogen
		  o *La Casa Nueva*, an energy-efficient eco-housing project
		  o Oil sands fuel chemistry and emissions workshop
		
		Determine if there are opportunities for public-private partnerships.
		
		By June 2006, agree on areas for enhanced research and development cooperation.
		
		Continue development of new legal instruments to enable further science and technology cooperation involving financial transfers and intellectual property.

Increase energy efficiency collaboration.	This effort will result in enhanced cooperation in promoting energy efficiency, including harmonizing endorsement labelling and energy performance standards, and strengthening North American energy efficiency standards.	By January 2006, establish a collaborative work program aimed at exchanging information and best practices and undertaking activities focused on promoting energy efficiency in North America, as well as improving vehicle fuel efficiency.

Energy: Creating a sustainable energy economy for North America

INITIATIVE	HOW IT BENEFITS NORTH AMERICA	KEY MILESTONES
Increase regulatory cooperation.	The three countries recognize that appropriate coordination of their efforts will promote the public interest through increased efficiency, expedited and coordinated action on significant energy infrastructure projects, and cost savings to both the public and regulated entities. All agree that the regulatory efforts of the National Energy Board (NEB), Federal Energy Regulatory Commission (FERC) and Comisión Reguladora de Energía (CRE) will benefit from increased communication and cooperation concerning the timing and other procedural aspects of related matters that may be pending before all three agencies.	June: Announce the formation of a trilateral regulators' group that will meet three times a year (every four months) to discuss issues affecting cross-border energy projects.
Enhance electricity collaboration.	Reliability of electricity supply through the interconnected grid system is a priority issue for our countries.	June: Announce the formation of a working group on electricity reliability that will coordinate U.S. and Canadian guidance to the North American Electric Reliability Council (NERC) and regional councils, concerning an Electric Reliability Organization (ERO) that will operate on an international basis. Mexico will participate in the working group as an observer. A public workshop was held in June 2005 on the draft of "Principles for a Reliability Organization that Can Function on an International Basis," involving participants from governments, regulatory authorities and stakeholders.
	All three countries need to coordinate efforts on restructuring issues that may impact transmission provision and access, as well as market design and investment issues that impact North American markets.	By the end of 2005, hold a trilateral electricity cross-border infrastructure workshop involving participants from electricity industries and other stakeholders.

Energy: Creating a sustainable energy economy for North America

INITIATIVE	HOW IT BENEFITS NORTH AMERICA	KEY MILESTONES
	Increased use of renewable energy (including for electricity generation) can help all three countries improve energy security and the environment.	By January 2006, convene discussion on possible renewable energy cooperation.
	Development of a public Web site will make information on electricity regulatory issues more transparent and available to all interested stakeholders, will promote electricity trade in North America and will provide the means for better communication between stakeholders and government agencies.	By spring 2006, launch a public Web site to provide timely information on electricity regulatory actions taken in each country that affect cross-border electricity trade.
Greater economic production from oil sands.	The North American region will collaborate on identifying market, infrastructure and refinery capacity issues, and developing technologies to reduce costs and environmental impacts of oil sands production to promote optimal sustainable development of oil sands resources.	Mexico will participate as an observer. By January 2006, building on joint discussions with key stakeholders and scientific experts, issue a report that discusses the mid- to long-term aspects of the oil sands product market development and the infrastructure and refinery implications for increased oil sands market penetration. By June 2006, working from the results of the June 2005 Oil Sands Chemistry and Engine Emissions Roadmap Workshop, issue a paper that discusses future fuel options for North America, the market implications for oil sands production, the impacts for refiners and infrastructure. By June 2007, produce a paper examining the long-term prospects for enhanced oil recovery in Canada and the U.S. using CO_2 from oil sands operations.

Energy: Creating a sustainable energy economy for North America

INITIATIVE	HOW IT BENEFITS NORTH AMERICA	KEY MILESTONES
Increase natural gas collaboration.	This initiative will address a range of issues related to the natural gas market in North America, including production, transportation, transmission, distribution, consumption, trade, interconnections and liquefied natural gas as well as projections for the future. This initiative also focuses on transparency of regulations, laws and siting processes in the three countries to promote enhanced regional trade and investment. The initiative will result in a better understanding and knowledge of the North American energy market that can contribute to energy security and therefore assist the region's economic development.	By August 2005, release print version of North American Natural Gas Vision report (Web version released February 2005). By June 2006, hold a workshop to obtain stakeholder perspectives, discuss gas market issues, and review current regulations and siting processes in each country for major pipeline projects and liquefied natural gas import terminals. By June 2007, launch a Web site that will allow for the posting of regulatory changes and other industry information, as well as allow for interactive comments by stakeholders on issues and needs.
Enhance nuclear collaboration.	The three countries will benefit from the sharing of information and best practices on many issues associated with the application of nuclear technology and the safe production and use of nuclear power.	By December 2005, establish and hold first meeting of a nuclear experts group under existing officials-level North American Energy Working Group (NAEWG). By June 2006, establish cooperative work plan. By June 2007, explore and agree on second round of initiatives.
Enhance cooperation on hydrocarbons.	This effort will facilitate the exchange of views, experiences, information and best practices in the hydrocarbons sector to strengthen North American collaboration in the hydrocarbons sector.	By June 2006, hold workshops on these issues.

Energy: Creating a sustainable energy economy for North America

INITIATIVE	HOW IT BENEFITS NORTH AMERICA	KEY MILESTONES
Improve transparency and coordination in energy information, statistics and projections.	Enhancing trilateral energy trade information supports decision-making by North American governments and industries.	By January 2006, release a revised, updated and translated version of "North America – The Energy Picture," originally developed trilaterally in 2002. By June 2007, undertake joint modelling effort.

Environment

Environment

INITIATIVE	HOW IT BENEFITS NORTH AMERICA	KEY MILESTONES
Clean Air		
Reduce sulphur in fuels.	Reduced sulphur emissions will lead to improved air quality and better health for North Americans.	By March 2006, increase the domestic supply of low sulphur fuels in Mexico, through significant investment by Mexico, supported by technical assistance and capacity building from the United States and Canada.
Address ship-source air pollution.	Better data is the first step in strengthening our efforts to reduce ship-source air pollution.	By March 2006, begin to address ship-source air pollution through coordinated data gathering, marine emissions inventory development and air quality modelling.
Report on air quality in North America.	Reporting on air quality will promote public awareness of environmental issues.	By March 2006, develop methods for reporting on air quality in North America.
Clean Water		
Joint Canada-U.S. review of the Great Lakes Water Quality Agreement.	The review is an opportunity to ensure that the Agreement continues to be a visionary statement guiding not only governments, but also members of the Great Lakes community, in the continued protection and restoration of the Great Lakes.	By March 2006, launch joint review of the Canada-U.S. Great Lakes Water Quality Agreement.
Work trilaterally to improve water quality across North America.	Enhanced information sharing on the provision of safe drinking water will promote the dissemination of best practices and provide better information for decision-making.	By March 2006, enhance information sharing on policies and actions to ensure safe drinking water, including establishment of a Web portal.

Environment

INITIATIVE	HOW IT BENEFITS NORTH AMERICA	KEY MILESTONES
Invasive Alien Species		
Work trilaterally to identify invasive alien species of common concern and develop a strategy to reduce their environmental and economic impacts across all our nations.	Joint strategies for invasive alien species will reduce the likelihood of their introduction and spread in North America.	By March 2006, technical experts meet to prioritize invasive alien species issues in North America and identify the gaps in existing mechanisms that could be addressed trilaterally to better control the spread of invasive alien species.
Ballast water management.	Improved ballast water management will reduce the environmental and economic costs associated with aquatic invasive alien species, such as zebra mussels.	By March 2006, promote ballast water management strategies in North America, demonstrating our collective commitment to combat invasive alien species.
Migratory Species and Biodiversity		
Announce cooperative efforts to conserve safe habitats and migration routes for migratory species, building on existing work in this area.	The conservation of key habitats will better protect North America's migratory species. Improved monitoring data and enhanced collaboration will result in more effective conservation strategies for marine mammals. Cooperation will improve forest management.	Sign the trinational Declaration of Intent for the Conservation of North American Birds and Their Habitat. By March 2006, undertake enhanced collaboration on monitoring and conservation of marine mammals (grey and humpback whales) and other migratory wildlife. By March 2006, enhance cooperation in sustainable forest management, including cooperative training for forest fire prevention.

Environment

INITIATIVE	HOW IT BENEFITS NORTH AMERICA	KEY MILESTONES
Oceans		
Collaborate on management planning for shared marine resources.	Strengthened collaboration on ocean observation, management and habitat protection will help preserve the integrity of our shared marine environments.	By March 2006, establish a draft implementation plan for an Ocean Observation System for the Gulf of Mexico and Caribbean as North American contributions to the Global Earth Observation System of Systems (GEOSS). By March 2006, develop options to advance ocean observation in the Arctic as input to 2007-08 International Polar Year. By March 2006, enhance collaboration on the implementation of ecosystem-based approaches to ocean management. By March 2006, enhance information sharing and develop, as appropriate, strategies for complementary marine protected areas, especially habitat for migratory species and ecologically sensitive habitat.
Transboundary Environmental Impact Assessment		
The participating parties work toward the conclusion of a transboundary environmental impact assessment cooperation agreement for proposed projects.	Minimizing the impact of projects on the environment will help preserve environmental health.	By October 2005, terms of reference developed to scope out trilateral work plan. By June 2007, the appropriate agencies of each country will seek to conclude a transboundary environmental impact assessment cooperation agreement for proposed projects.

Food and Agriculture

Food and Agriculture: Enhance Food Safety and Facilitate Trade

INITIATIVE	HOW IT BENEFITS NORTH AMERICA	KEY MILESTONES
Establish or identify a North American food safety coordinating mechanism. This initiative includes: - cooperating in the design and development of common standards; - reviewing existing food safety standards to identify and assess, on a scientific basis, differences with a view to removing, where warranted and appropriate, those identified differences; - sharing of information on food safety matters; - collaborating effectively in the development of national positions for international food safety standard-setting bodies.	This will enhance protection of the public from food safety hazards while facilitating trade and promoting economic efficiency.	By March 2006, a trilateral task force will recommend options for implementation of a coordinating mechanism. By March 2006, develop a prioritized list of standards for review. By September 2006, review and compare the identified food standards to determine similarities, differences and scientific basis for the differences. By March 2007, establish or identify an effective food safety coordinating mechanism facilitating the cooperative development of common North American standards, as appropriate, and the removal of identified differences in standards where warranted and appropriate. By March 2006, explore ways to better coordinate between the NAFTA partners on Codex standards and international standard setting.

Food and Agriculture: Enhance Food Safety and Facilitate Trade

INITIATIVE	HOW IT BENEFITS NORTH AMERICA	KEY MILESTONES
Speed up the identification, management and recovery from food safety, animal and plant disease hazards on a North American basis. This initiative includes: - import/border inspection policies; - plant health pest management initiatives coordinated by the North American Plant Protection Organization (NAPPO);	This will enhance protection of the public from food safety hazards and protect North America's animal and plant resources from disease and pests. Recovery from outbreaks or incidents that do occur will be facilitated, including reduction of trade and economic impact.	By December 2005, explore ways to implement electronic transmission of certificates for meat, poultry, animal health and plant health on a trilateral basis and other products as identified. By September 2006, conduct a pilot project within one program area and by December 2006, report on the practicality of issuing electronic certificates. By March 2006, develop standardized procedures concerning notification and follow-up actions taken due to non-compliance. By March 2007, develop common approaches for border inspections of live animals. By March 2007, explore ways to establish common certification criteria, where certificates are required. By June 2006, develop standardized North American procedures and criteria to recognize pest-free areas. By March 2006, develop a common approach to standardize the regulatory measures taken in response to *Phakopsora pachyrhizi* (soybean rust) pest detection based on the risk it presents to each country's plant health status. By June 2006, complete a regulatory standard for North American imports of propagative material. By June 2006, complete a joint protocol for the commercial movement of biocontrol agents.

Food and Agriculture: Enhance Food Safety and Facilitate Trade

INITIATIVE	HOW IT BENEFITS NORTH AMERICA	KEY MILESTONES
- animal health initiatives;		By December 2006, investigate the feasibility of joint preclearance programs for plant commodities shipped into North America. By March 2007, jointly conduct offshore audits/evaluations of certification programs for certain plant commodities. By June 2005, harmonize North American import approach for bovine spongiform encephalopathy (BSE) management. By March 2006, review, explore and report on approaches concerning feed, surveillance and risk management to optimize transmissible spongiform encephalopathy (TSE) management in a North American context. By June 2006, develop harmonized risk mitigation and management approaches applicable throughout North America, including compartmentality (regionalization/disease-free zones), that are appropriate to the animal health disease status. By June 2006, modify existing protocols with the goal of implementation in order to allow for the transit of products through the U.S. in which the process of transiting itself does not pose a risk to the U.S. By March 2007, complete the respective regulatory approaches in each country to implement the harmonized import approach for BSE.

Food and Agriculture: Enhance Food Safety and Facilitate Trade

INITIATIVE	HOW IT BENEFITS NORTH AMERICA	KEY MILESTONES
- veterinary drugs and biologics;		By March 2007, review, explore and report on common technical standards for demonstrating the safety and efficacy of licensed/regulated animal health products (e.g. veterinary drugs and biologics) that may result in animal or zoonotic diseases (e.g. BSE, foot and mouth disease) or antimicrobial resistance. By March 2007, report on differences and approaches to approval of veterinary drugs and vaccines and feasibility for further harmonization.
- labelling approaches.		By March 2007, utilizing trilateral mechanisms, explore common approaches to labelling, as feasible and appropriate, in key areas such as nutrition, allergens, production and process methods, organics, country of origin, highlighted ingredients and misleading claims.

Food and Agriculture: Enhance Food Safety and Facilitate Trade

INITIATIVE	HOW IT BENEFITS NORTH AMERICA	KEY MILESTONES
Work to resolve differences in pesticide maximum residue limits that may be barriers to trade and undertake joint reviews of pesticide registrations.	Promotes greater consistency in pesticide regulation in North America. Enhances protection of the public while facilitating trade and economic efficiency.	By September 2005, complete collaborative data collection activities for pest control products to meet the needs of "minor crop" growers. (Note: minor crops include most fruits, nuts and vegetables. Then by December 2005, select pest control products for joint review by governments and stakeholders and by March 2006, complete joint reviews for simultaneous approval of selected pest control products.

By December 2005, develop a long-term trade irritant/risk reduction strategy for pulse crops and resolution of specific priority trade issues identified by stakeholders.

By December 2006, release final risk assessments based on a thorough re-evaluation of heavy-duty wood preservatives.

By September 2006, complete reviews for four to six conventional chemicals. |

Food and Agriculture: Enhance Laboratory Coordination

INITIATIVE	HOW IT BENEFITS NORTH AMERICA	KEY MILESTONES
Enhance capacity by leveraging expertise and technology by working cooperatively within the established North American Foreign Animal Disease laboratory network to identify methodologies and recognize equivalent diagnostic performance and identification methodologies for select animal diseases, such as BSE and avian influenza.	Enhances the ability of laboratories to support measures to prevent and respond to animal health diseases in North America including those that represent a threat to human health.	By June 2005, identify programs to be able to identify methodologies and recognize equivalent diagnostic performance for select animal diseases, such as BSE and avian influenza. By March 2007, prioritize, assess and recognize the methodologies and proficiency for selected animal diseases.
Enhance capacity by leveraging expertise and technology through the establishment of a plant health laboratory network to identify equivalent methodologies for the detection and identification, surveillance and risk assessment of plant diseases and pests.	Enhances the ability of laboratories to support measures to prevent and respond to plant diseases and pests that pose a risk to North American forests and crops and associated economic activities.	By March 2006, establish a laboratory working group in the area of plant health similar to the existing North American Foreign Animal Disease laboratory network. By March 2009, recognize equivalent diagnostic methodologies for the detection and identification, surveillance and risk assessment of selected plant pests and diseases.

Food and Agriculture: Enhance Laboratory Coordination

INITIATIVE	HOW IT BENEFITS NORTH AMERICA	KEY MILESTONES
Identify the appropriate group/vehicle to facilitate the implementation of food safety laboratory initiatives. This initiative includes: - assess and recognize equivalence, as appropriate, of analytical methods using agreed method performance criteria; - enhance quality assurance for priority areas of food safety hazards; - build confidence through trilateral participation in training courses and exchanging of information and participation in proficiency testing.	Enhances the ability of laboratories to support measures to protect the public from food safety hazards.	By January 2006, establish a task force to identify existing trilateral forums for laboratory cooperation, ensuring that all appropriate regulatory authorities are included. By March 2006, identify or establish the appropriate group/vehicle. By January 2007, determine performance criteria to assess analytical methods. By December 2007, identify areas of common interest of which to assess equivalency. By March 2008, begin to assess analytical methods. By December 2008, identify equivalency of selected analytical methods. By March 2006, share laboratory quality assurance and quality control procedures and practices. By March 2007, exchange information of proficiency testing programs in which each country participates and identify and fill any gaps where programs are not available. By January 2006, participate in the Food Emergency Response Network (FERN) course for both microbiological and chemical disciplines. By March 2006, all three countries participate in general laboratory procedures/courses offered by Canada and Mexico.

Food and Agriculture: Increase Cooperation in Agricultural Biotechnology Regulation

INITIATIVE	HOW IT BENEFITS NORTH AMERICA	KEY MILESTONES
Continue to support the cooperative effort within North American Biotechnology Initiative for the initiation, coordination and prioritization of various biotech activities. Including the following initiatives: - work toward developing common approaches for regulatory policies related to products of biotechnology; - cooperate and share information on international biotechnology activities.	Promotes greater consistency in the regulation of products of biotechnology. Enhances food safety while facilitating trade and economic activity.	By March 2006, expand the current technical regulatory exchanges between Canada and the United States to include Mexican regulators and formalize regular trilateral regulatory exchanges. By March 2006, establish training workshops in Mexico for risk assessors. By March 2007, formalize NABI intercessional conference calls as needed to discuss biotechnology issues in international organizations such as Asia-Pacific Economic Cooperation, Codex Alimentarius Commission, Organization for Economic Cooperation and Development and the Convention on Biological Diversity.

Health

Health: Completion of Protocols for Mutual Assistance and Support in a Cross-Border Emergency

INITIATIVE	HOW IT BENEFITS NORTH AMERICA	KEY MILESTONES
Draft and sign Canada-U.S. and U.S.-Mexico protocols for mutual assistance and support in a cross-border public health emergency.*	The establishment of protocols in this area will permit a seamless and efficient flow of resources across our borders during a health emergency. The exchange of liaison officers and emergency contact lists will permit early rapid information sharing and help maintain mutual confidence during an emergency. The testing of protocols and efforts to address legal impediments such as licensure requirements for the movement of human resources across borders will help improve coordination by identifying gaps, identifying lessons learned, and hastening the flow of medical professionals during an emergency. The completion of these initiatives will result in the smoother, more efficient and more rapid flow of critical information during an emergency.	Establish a working group to identify liability and legal issues regarding reciprocity that need to be worked out prior to the exchange of medical supplies and personnel during an emergency by March 2006. Canada and the U.S. will exchange full-time liaison officers between national public health agencies and share emergency contact lists by March 2006. Mexico will establish mechanisms for the exchange of liaison officers with both Canada and the U.S. Conduct quarterly drills to test 24/7/365 emergency communications protocols by March 2006. Assess and implement plans for cross-border mass casualty care, and create a portal for reciprocity of medical licensure by June 2006. Develop and sign bilateral information-sharing agreement on enforcement activities and emergencies by June 2006.

Health: A Healthier North America

INITIATIVE	HOW IT BENEFITS NORTH AMERICA	KEY MILESTONES
Develop a North American plan for pandemic influenza.*	The threat of an influenza pandemic requires planning and preparation by all three governments working together. Reaction and response to a pandemic requires cooperation and coordination at both a national and an international level to help minimize the health impact and the potential health effects on society, the economy and the health care system within an affected country.	Draft and complete a North American influenza plan by 2006. Explore the feasibility of establishing a coordinated influenza research agenda, including evaluating influenza immunization programs and tracking and updating the global inventory of pandemic influenza vaccine clinical research projects over the next 12 months.

Health: A Healthier North America

INITIATIVE	HOW IT BENEFITS NORTH AMERICA	KEY MILESTONES
Strengthen the Global Health Security Initiative (GHSI).*	Canada, the U.S. and Mexico, by working together and through fora like the GHSI, our countries can help better prepare for and respond to an influenza pandemic. Through the use of existing multilateral forums on health security issues, we will achieve greater interoperability and harmony in our preparedness for acts of bioterrorism and public health emergencies. Developing and assessing strategic approaches to using vaccines and antiviral drugs will help control and/or slow down evolving outbreaks of avian influenza in humans. The harmonization of quarantine and travel medicine approaches will reduce discrepancies between national responses and facilitate both disease control and public communications. The harmonization of policies on bioterrorism preparedness will minimize any discrepancies in national approaches and ensure common standards across North America. By being able to react to a smallpox outbreak anywhere in North America, citizens will be protected as part of a global community.	Over the next 9 months, use and build upon discussions in other forums (e.g. GHSI, World Health Organization) to improve Canada-U.S. pandemic preparedness (e.g. develop and assess strategic approaches to using vaccines and antiviral drugs). Continue to conduct pandemic flu tabletop exercises. Share information and develop common plans for quarantine, travel and isolation during a transborder infectious disease outbreak by March 2006. Plan and test 24/7/365 early warning case reporting infrastructure and implement plans for infectious disease control and containment by June 2006. Hold key workshops by June 2007 on: - Plague and Tularemia - Detection of Bioterrorism Agents in the Environment - Phase II Smallpox - Early Warning Infectious Disease Surveillance. Adopt common positions on guidance with regard to the international transport of diagnostic materials and samples by March 2006. Finalize an operational framework for the management and implementation of a global smallpox vaccine reserve (via World Health Organization ad hoc Orthopox Experts Committee) by June 2006.

Health: A Healthier North America

INITIATIVE	HOW IT BENEFITS NORTH AMERICA	KEY MILESTONES
Share information and lessons learned in stockpile activities.*	By assisting Mexico in developing low-cost stockpiles to meet specific national needs, overall North American emergency preparedness will be improved.	Provide technical assistance to Mexico as it builds its reserves by March 2006. Complete Canada-U.S. and Mexico-U.S. joint assessments of the stockpiling of vaccines and antidotes within 9 months and on an ongoing basis.

Health: A Healthier North America

INITIATIVE	HOW IT BENEFITS NORTH AMERICA	KEY MILESTONES
Coordinate surveillance and laboratory activities.*	Our efforts to coordinate surveillance and laboratory activities will help ensure that information and data are shared efficiently and quickly at relatively low costs. This will carry an immense benefit to science and decision-making in Canada, Mexico and the United States. Greater information will help to accelerate scientific advances, ultimately leading to improved policies, programs and responses to infectious disease events and occurrences. Rather than reacting to adverse events, these initiatives proactively address challenges regarding technology and its applications. Our efforts to improve Web-based training programs in lab biosafety and biosecurity in Chemical Biological Radiological Nuclear (CBRN) will permit skills development in a larger number of people in a shorter period of time. The increased control of dangerous pathogens will reduce the risk of intentional acquisition and use of such pathogens.	Finalize U.S.-Canada Memorandum of Understanding related to sharing data for laboratory-based surveillance of infectious diseases and pathogens (PulseNet – a laboratory based surveillance system for infectious diseases) by March 2006. Within the next 9-24 months, improve Canada-U.S.-Mexico infectious diseases surveillance systems, training and response systems: - develop, evaluate and refine a Web-based chemical, biological and radiological nuclear training platform and system; - examine the feasibility of a dangerous human pathogens tracking and control system for monitoring the movement of these agents within North America; - explore mechanisms and protocols with a view to creating an interoperable cross-border early warning infectious diseases surveillance system; - collaborate and develop protocols and procedures with existing Laboratory Response Network (LRN) laboratories. Provide ongoing support to Mexico over the next 36 months to: - become a full member of the LRN; - provide biosafety and laboratory training for infectious diseases personnel; - build laboratory network capacity.

Health: A Healthier North America

INITIATIVE	HOW IT BENEFITS NORTH AMERICA	KEY MILESTONES
Develop Web-based mapping of West Nile virus activity in Canada and the U.S.*	Locating, monitoring and learning more about West Nile virus will help Canada and the United States better protect the health and safety of their people through improved policies and programs that protect residents and visitors in both countries. Benefits and lessons from this valuable binational endeavour will be transferred to other projects that will contribute to the long-term quality of life, prosperity and security of North America.	Develop and complete a Canada-U.S. mapping system by June 2007.

Health: A Healthier North America

INITIATIVE	HOW IT BENEFITS NORTH AMERICA	KEY MILESTONES
Extend efforts to prevent alcohol abuse and suicide among indigenous people and increase research and sharing of knowledge about indigenous peoples.	The incidence of alcohol abuse and suicide among indigenous peoples in North America is significantly higher than in the non-indigenous population. Our increased efforts aimed at preventing these health problems will help improve the quality of life of indigenous peoples and communities. The health status of indigenous peoples in North America lags behind that of the non-indigenous population. Sharing knowledge and experiences between North American partners on indigenous health issues and interventions will help address key topics of concern and work toward improving the quality of life of indigenous peoples across the region. In the long run, healthier indigenous peoples and communities will be able to more fully participate in the social, economic and cultural life of North America.	Develop and launch a Canada-U.S. Web site on Suicide Prevention and Fetal Alcohol Spectrum Disorder (FASD) by June 2006. Over the next 36 months, Canada and the United States will: collaborate on a workshop on substance abuse, convene an international panel discussion on suicide prevention, and present key findings and results. By June 2007, Canada and the United States will: - complete a study tour on indigenous health systems; - exchange information on approaches to health care delivery; - identify joint research projects and initiate a call for proposals. Within the framework of their 2004 Letter of Intent, Canada and Mexico will, within 24 months, identify joint priorities, organize workshops/seminars, and sign a plan of action to build greater cooperation on indigenous health issues. The United States and Mexico will collaborate over the next 36 months to develop workshops, information sharing and research projects related to Type 2 diabetes and indigenous peoples.

Health: A Healthier North America

INITIATIVE	HOW IT BENEFITS NORTH AMERICA	KEY MILESTONES
Identification and appropriate adoption of best practices in maintaining the safety, efficacy and quality of pharmaceutical products.	The implementation of best practices and the harmonization of technical standards for the registration of pharmaceuticals promote regulatory efficiencies and predictability. These activities also provide for a more economical use of product development resources and the elimination of unnecessary delays in the development and availability of new medicines, while maintaining or improving high standards for pharmaceuticals.	Evaluate best practices related to pharmaceutical review processes.

Examine the use of International Conference on Harmonization (ICH) guidelines and adopt best practices in maintaining the safety, efficacy and quality of medicines within the next 36 months. |
| Establish a North American mechanism to facilitate information sharing on the safety of pharmaceutical products to protect and advance public health in North America. | This mechanism will facilitate the rapid sharing of information between regulatory authorities on pharmaceutical products that may pose a risk to human health and will enhance our ability to take coordinated actions to safeguard the public health in North America. | Information sharing procedures will be in place in 24 months. |

* This is also part of the Security Agenda and Action Plan (under Bioprotection).

SECURITY

SECURE NORTH AMERICA FROM EXTERNAL THREATS

TRAVELLER SECURITY
CARGO SECURITY
BIOPROTECTION

Traveller Security

Traveller Security: Develop and implement consistent outcomes with compatible processes for screening prior to departure from a foreign port and at the first port of entry to North America

INITIATIVE	HOW IT BENEFITS NORTH AMERICA	KEY MILESTONES
Develop and implement equivalent biometric standards and systems to enhance security for passports, visas, permanent resident cards, transportation credentials and other border documents.	We are committed to preventing travellers who pose criminal or security threats from travelling to North America. Through biometric technology, our governments will be able to more securely streamline the flow of travellers destined to North America. Biometrics will enable our governments to issue to citizens and residents passports and other travel documents that are highly resistant to fraud or counterfeit and meet relevant requirements for travel within and to North America. This will then better protect the identities of North Americans from theft or misuse.	Test technology and develop recommendations within 12 months to enhance the use of biometrics in screening travellers destined to North America, with a view to developing compatible biometric border and immigration systems. Develop standards for lower-cost secure proof of status and nationality documents to facilitate cross-border travel, and work to achieve optimal production before January 1, 2008. With a view to achieving compatible standards across all relevant transportation programs, develop a strategy to coordinate background checks, credential recognition and document security standards within 36 months. Devise a single, integrated, global enrolment program for North American trusted travellers (e.g. NEXUS, FAST, SENTRI) for travel by air, land and sea within 36 months. Negotiate a Canada-U.S. visa information-sharing agreement within 18 months.

Traveller Security: Develop and implement consistent outcomes with compatible processes for screening prior to departure from a foreign port and at the first port of entry to North America

INITIATIVE	HOW IT BENEFITS NORTH AMERICA	KEY MILESTONES
Develop and implement compatible immigration security measures to enhance North American security, including requirements for admission and length of stay; visa decision-making standards; lookout systems; and examining the feasibility of entry and exit procedures and systems.	A compatible visa process, including convergence of our visa-free travel programs, is an important tool to screen travellers before they embark for North America. We will synthesize information and trend analysis in making decisions about visa-free travel to North America. Coordinating bilateral efforts will detect and disrupt illegal migration trends in their source and transit countries overseas.	Develop benchmarks related to procedures and policies for visitor visa processing, including security screening, visa validity, and length of stay within 9 months. Direct and institutionalize consultation among consular and visa security officials of Canada, the United States and Mexico within 9 months. Coordinate the deployment of Canadian and U.S. immigration officers overseas to enhance efforts to disrupt illegal migration trends destined to North America within 21 months. Develop a reciprocal mechanism to inform visa-free travel program country reviews within 12 months.
Work to ensure compatibility of systems to share data on high-risk travellers and examine the feasibility of a real-time information-sharing program on high-risk travellers to provide for risk management decisions on travellers destined to or transiting North America.	In partnership with the transportation industry, we are working to identify and screen out high-risk travellers flying to and within North America.	Finalize protocols and implementation of data exchanges on high-risk travellers using compatible advance passenger information systems within 12 months. Canada and the United States to explore the feasibility of a process within 12 months that can make risk management decisions (board/no board) about travellers destined to or transiting through North America. Developing compatible criteria for the posting of lookouts of suspected terrorists and criminals within 9 months.

Cargo Security

Cargo Security: Develop and implement compatible screening methods for goods and cargo prior to departure from a foreign port and at the first point of entry to north america

INITIATIVE	HOW IT BENEFITS NORTH AMERICA	KEY MILESTONES
Develop and expand upon our joint public-private partnerships to secure the supply chain of goods arriving in North America, and to expedite the movement of low-risk goods within North America.	Our supply chain will be better secured by leveraging the skills and resources of the private sector, while concurrently streamlining the movement of low-risk goods.	Develop targets to increase percentage of FAST/Expres shipments at agreed upon FAST/Expres locations, including joint marketing activities within 12 months and annually thereafter. Make compatible U.S.-Canada requirements for participation in Customs-Trade Partnership Against Terrorism (C-TPAT) and Partnership in Protection (PIP) within 36 months.

Cargo Security: Develop and implement compatible screening methods for goods and cargo prior to departure from a foreign port and at the first point of entry to north america

INITIATIVE	HOW IT BENEFITS NORTH AMERICA	KEY MILESTONES
Develop compatible standards, technologies and processes for intermodal supply chain security that emphasize risk management, a layered approach to supply chain security, and the expedited movement of low-risk commerce.	Working together, we will increase the effectiveness of screening goods entering North America through a wide range of initiatives to better target high-risk cargo while moving other shipments more quickly.	Evaluate within 6 months and seek to expand within 18 months the use of E-manifest. Develop recommendations for compatible risk targeting and inspection regimes for cargo arriving by air, land and sea within 18 months. Within 6 months, initiate a five-year Canada-U.S. program to work toward harmonization of automated commercial information systems, including advance interdepartmental reporting and the "single window" concept for other government departments' and agencies' requirements. Develop and implement a U.S.-Mexico cargo initiative that includes the implementation of the 24-hour rule, exchange of cargo manifest data, and joint security targeting. Develop appropriate linkages, including officer exchanges among Canadian, Mexican and U.S. customs agencies, to ensure analysis of cargo data and appropriate sharing of information on high-risk shipments. Within 18 months of adoption, promote the implementation of the World Customs Organization Framework of Standards to Secure and Facilitate Global Trade through capacity building and technical assistance for lesser developed customs administrations.

Cargo Security: Develop and implement compatible screening methods for goods and cargo prior to departure from a foreign port and at the first point of entry to north america

INITIATIVE	HOW IT BENEFITS NORTH AMERICA	KEY MILESTONES
Ensure compatible national and international export control systems and ensure that North American countries are not used to divert sensitive American, Canadian or Mexican goods or technologies to mutually agreed upon prohibited countries or end-users.	We are committed to preventing sensitive technologies and goods from falling into the wrong hands and are directing efforts to enforce applicable laws while supporting secure and vigorous trade.	Establish a formal mechanism for ongoing dialogue on dual-use export control issues, including export control standards within 12 months.

Develop a plan to enhance export control compliance outreach within 12 months.

Assess options to make more compatible U.S. and Canadian export controls including issues of fraudulent transshipment or illicit diversion of "controlled" goods within 21 months.

U.S. and Mexico will develop and implement a system within 9 months to identify subject goods through their mechanism to exchange/cross-check data on southbound and northbound shipments. |
| Develop and phase in a plan to control the import and export of nuclear and radioactive materials consistent with IAEA radioactive source guidelines. | Protecting North America's residents from misuse of high-risk nuclear and radiological materials is important for all three governments. Together we are working to better control the movement of these high-risk materials in, through and out of North America. | Within 18 months, implement import-export controls on radioactive sources including notification on cross-border transfers, ensuring that these materials are used for peaceful purposes only (U.S.-Canada to implement consistent with G-8 commitments).

Over the next 36 months, complete installation of radiation detection equipment at major commercial and passenger ports of entry into North America to prevent the smuggling of nuclear/radiological materials. |

Bioprotection

Bioprotection: Develop and implement a North American bioprotection strategy to assess, prevent, protect, detect and respond to intentional as well as applicable naturally occurring threats to public health and the food and agriculture system

INITIATIVE	HOW IT BENEFITS NORTH AMERICA	KEY MILESTONES
Undertake joint threat and vulnerability assessments and joint exercises within the public health and the food and agriculture systems.	In order to best protect our citizens against threats to our public health, food and agriculture systems, we must identify vulnerabilities to these systems.	Within 30 months, share current threat and vulnerability assessment methodology and overview information for the food and agriculture systems, and undertake joint threat and vulnerability assessments where there are gaps or areas where improvement or greater clarity are required. Through ongoing testing and exercises, implement within 18 months Continuity of Operation plans for infectious disease control and containment.
Draft and sign protocols for mutual assistance and coordination in a cross-border emergency.	Mutual assistance and support in a cross-border public health emergency will enhance our combined resources and expertise to protect our citizens in a more timely and appropriate manner.	Draft and sign protocols for mutual assistance and support within 24 months to maximize our abilities to respond to cross-border public health emergencies by providing a framework for the orderly deployment of emergency assistance. Share plans within 9 months for isolation and quarantine during a transborder infectious disease outbreak. Within 12 months, examine the feasibility of a tracking and control system for monitoring the movement of dangerous human pathogens within North America. Within 9 months, adopt a common position on guidance to international transport organizations regarding the transport of diagnostic materials and samples.

Bioprotection: Develop and implement a North American bioprotection strategy to assess, prevent, protect, detect and respond to intentional as well as applicable naturally occurring threats to public health and the food and agriculture system

INITIATIVE	HOW IT BENEFITS NORTH AMERICA	KEY MILESTONES
Share strategies for the stockpiling and distribution of human and animal countermeasures.	We will be better prepared to provide our citizens with vaccines and antidotes when needed.	Within 6 months, complete evaluation of the number of animal vaccine doses our countries should stockpile. Work cooperatively within multilateral health forums to finalize operational frameworks and the implementation of global smallpox vaccine reserves within 9 months.
Work in a coordinated fashion to implement a regime to identify, assess and mitigate the risk of intentional threats to our animals, plants and food products into and within North America.	Developing a coordinated strategy to mitigate threats to the animal, plant and food supply will enhance the safety and reliability of our food supply.	Within 24 months, develop a coordinated strategy to identify and manage threats to our food supply and agricultural sectors, building upon successful customs processes and consistent with each country's legislation, and, within 9 months, share approaches to determining risk from imported foods.
Develop information-sharing agreements on enforcement activities and emergencies.	Developing protocols gives us the necessary tools to identify, prevent and respond to threats to public health and our agri-food systems in their early stages.	Within 24 months, identify and address impediments to information exchanges. Within 9 months, develop mechanisms and criteria to provide early notification of recalls of products that may pose health risks. Within 24 months, improve trilateral procedures to share information in a timely fashion during food and agriculture emergencies. Plan and test binational infrastructure for 24/7/365 early warning case reporting.

Bioprotection: Develop and implement a North American bioprotection strategy to assess, prevent, protect, detect and respond to intentional as well as applicable naturally occurring threats to public health and the food and agriculture system

INITIATIVE	HOW IT BENEFITS NORTH AMERICA	KEY MILESTONES
Enhance human, animal, and plant health surveillance by developing interoperable systems to rapidly detect and monitor infectious diseases in these populations.	Strengthening interoperability of our public health surveillance systems throughout our three countries will give us the tools to more rapidly respond to and avert the further spread of infectious diseases.	Within 9 months, launch a workshop on cross-border early warning infectious disease surveillance to share solutions to common problems and exchange best practices. Within 12 months, develop a North American plan to address pandemic influenza. Exchange information regarding research and evaluation of pandemic influenza clinical trials within 12 months.
Enhance public health surveillance research by linking public health laboratories within North America and with food and agriculture laboratory networks.	By facilitating the communications between public health and food & agriculture laboratories, we will significantly enhance our overall health surveillance capabilities which will allow us to more effectively detect, deter and/or respond to potential health threats.	Within 6 months, assess current laboratory infrastructure for electronic data-sharing capabilities. Enhance communication and cooperation among the three countries' laboratories within 21 months. Explore protocols toward creating early warning infectious disease surveillance systems that are interoperable along and across our shared borders within 24 months.

PREVENT AND RESPOND TO THREATS WITHIN NORTH AMERICA

AVIATION SECURITY

MARITIME SECURITY

LAW ENFORCEMENT COOPERATION

INTELLIGENCE COOPERATION

PROTECTION, PREVENTION AND RESPONSE

Aviation Security

Aviation Security: Develop and implement a strategy to establish equivalent approaches to aviation security for North America

INITIATIVE	HOW IT BENEFITS NORTH AMERICA	KEY MILESTONES
Develop, test, evaluate and implement a plan to establish comparable aviation passenger screening, and the screening of baggage and air cargo.	Establishing comparable standards for screening passengers, baggage and cargo strengthens and better coordinates the security of North American airspace and air travellers.	Conclude a trilateral memorandum of cooperation within 12 months to formalize the role of the North American Aviation Trilateral (NAAT) in achieving the trilateral civil aviation security goals in the Security and Prosperity Partnership.

Develop comparable operational procedures and training standards for government law enforcement officers acting in the capacity of In-Flight Security Officers in North America within 6 months.

Within 36 months, improve the security of cargo transported on passenger and cargo aircraft through comparable screening and inspection protocols for inbound and outbound goods, and explore implementing an interoperable Known Shippers Data Base.

Develop comparable standards and procedures within 24 months for hold baggage screening.

Develop comparable standards and procedures within 24 months for passenger screening to increase aviation security.

For aviation security purposes, each country has developed, is developing or may develop its own passenger assessment (no-fly) program for use on flights within, to or from that country to ensure that persons who pose a threat to aviation are monitored or denied boarding, within 24 months. |

Maritime Security

Maritime Security: Develop and implement a strategy to enhance North American maritime transportation and port security

INITIATIVE	HOW IT BENEFITS NORTH AMERICA	KEY MILESTONES
Collaborate in the enhancement of security of our ports and vessels through the conduct of equivalent threat, vulnerability and risk assessments and mutually recognized audit programs.	Our measures aim to identify and stop threats before they arrive in our North American waters and ensure that legitimate marine cargo is expeditiously managed upon its arrival at a North American port.	Develop strategies for information sharing to create effective vessel and port facility security measures and harmonize their implementation within 9 months. Develop compatible strategies for the implementation of the International Ship and Port Security (ISPS) Code and corresponding national regulations for security of offshore and at-sea infrastructure within 21 months. Develop a port and facility security audit program to benchmark security standards of North American and international facilities as well as for vessels that receive or carry international shipping within 9 months. Create a coordinating capability within 33 months to respond to maritime incidents and minimize the impact on maritime commerce.

Maritime Security: Develop and implement a strategy to enhance North American maritime transportation and port security

INITIATIVE	HOW IT BENEFITS NORTH AMERICA	KEY MILESTONES
Develop and implement a plan to make compatible regulatory and operational maritime security regimes.	Creating a compatible maritime regulatory environment ensures a consistent approach to vessels and cargo destined to and within North American waters.	Identify improvements to national and international regulatory frameworks within 21 months to enhance the security of the maritime transportation system, and develop a coordinated strategy to maintain and expand compatible national regulatory regimes and programs for private, commercial, pleasure and fishing vessels.

Implement strategies for long-range tracking of vessels and enhanced coastal tracking of small vessels on international voyages within 33 months.

Develop strategies for enhanced coordination of global maritime security intelligence efforts within 24 months.

Develop a collaborative approach within 12 months in dealing with each country's flag vessels calling at one of the other countries' ports. |

Law Enforcement Cooperation

Law Enforcement Cooperation: Develop and implement a strategy for combatting transnational threats to the United States, Canada and Mexico

INITIATIVE	HOW IT BENEFITS NORTH AMERICA	Key Milestones
Improve information sharing and law enforcement cooperation among investigators and prosecutors to address illegal activities between ports of entry and cross-border organized crime, counterfeit goods, economic crimes, and trafficking of alcohol, firearms, illegal drugs and explosives.	Mexico, Canada and the United States are all affected by criminal organizations operating with disregard to national borders. All three nations will benefit from more effective investigation and subsequent prosecution of those criminal elements. The ability to cooperate more effectively, from simply enhancing information sharing to developing compatible procedures, will reduce violence in our communities and along the border and result in a more secure North America. Enhanced cooperation between our countries will advance our efforts to eliminate human trafficking, combat organized crime, and address the illegal movement of narcotics, dangerous chemicals and materials, and firearms.	Identify recommendations within 21 months to address significant legal restrictions to the sharing of investigative information. Undertake coordinated law enforcement efforts and improve information sharing to address financial crime and trade transparency within 24 months. Evaluate the co-location of Canada-U.S. Integrated Border Enforcement Team (IBET) analysts in four pilot sites within 12 months. Continue vigorous U.S. and Mexican cooperation among immigration and fugitive arrest authorities as appropriate. Utilize the U.S.-Mexican Temporary Extradition Protocol for fugitives sought for prosecution in both jurisdictions within 21 months. Within 24 months, assess the threat and risk of criminal and terrorist activities on the St. Lawrence Seaway – Great Lakes systems and develop coordinated maritime law enforcement programs with a specific interest in interdicting smugglers/traffickers and ensuring border security. Within 18 months, form Mexico-U.S. intelligence-sharing task force pilots to target cross-border criminal activity, in particular criminal gang and trafficking organization networks. Within 18 months, enhance the international liaison officer network to facilitate intelligence sharing and analysis, and to assist competent authorities in criminal and security investigations.

Law Enforcement Cooperation: Develop and implement a strategy for combatting transnational threats to the United States, Canada and Mexico

INITIATIVE	HOW IT BENEFITS NORTH AMERICA	Key Milestones
		Within 3 months, agree to seven specific Mexico-U.S. programs for the exchange of information to enable the detection and dismantling of criminal organizations engaged in sexual or labour exploitation, especially of children or women. Within 18 months, develop mutually supportive law enforcement mechanisms that lead to the rapid identification and successful prosecution of cyber-attackers.
Review existing counter-terrorism efforts and coordination to maximize effectiveness, including analyzing past counter-terrorism investigations to identify best practices and lessons learned.	Addresses known vulnerabilities that pose a significant terrorist threat to each country's national security and protects the citizens of each nation through an integrated comprehensive North American response.	Develop a comprehensive trilateral law enforcement strategy within 12 months to respond to any transnational terrorist incident in North America. Enhance cooperation on terrorist financing, seeking to complete ratification of the OAS Convention Against Terrorism within 18 months.
Cooperate on issues of detention and removals to expedite the return of illegal migrants to their home countries.	Ensures that communities are safe from terrorists, dangerous criminals and gang members through an expedited removal process and contributes to the integrity of our respective immigration programs.	Cooperate in obtaining travel documents from uncooperative countries for the return of their nationals. Renegotiate the U.S.-Canada Reciprocal Agreement for the Exchange of Deportees within 18 months. Expand Canada-U.S. joint removals operations.

Intelligence Cooperation

Intelligence Cooperation: Enhance partnerships on intelligence related to North American security

INITIATIVE	HOW IT BENEFITS NORTH AMERICA	KEY MILESTONES
Enhance our capacity to combat terrorism through the appropriate sharing of terrorist watchlist data and the establishment of appropriate linkages between Canada, the United States and Mexico.	Effective sharing of intelligence and other information strengthens our capability to detect, deter and prevent acts of terrorism within and outside North America.	The three countries will negotiate bilateral terrorist screening information-sharing agreements. Explore means to address and resolve gaps in cross-border information-sharing channels. Conduct joint analyses of the nature and scope of the terrorist threat to North America, to include the identification of areas of mutual concern and interdependency for analytical consideration within 9 months.

Protection, Prevention and Response

Protection, Prevention and Response: Develop and implement a common approach to critical infrastructure protection and response to cross-border terrorist incidents and, as applicable, natural disasters

INITIATIVE	HOW IT BENEFITS NORTH AMERICA	KEY MILESTONES
Develop and implement compatible protective and response strategies and programs for shared critical infrastructure in mutually agreed priority areas (i.e. electricity generation and distribution, oil and gas pipelines, dams, telecommunications, transportation, nuclear, radiological, defence industrial base, and cyber systems).	Protection of integrated North American infrastructures is crucial to the daily operation of our respective communities and national economies. Increasing the security stance of these infrastructures protects them from intentional malicious attack, which ensures that the goods and services that they furnish continue to be available to all our citizens.	Within 18 months, develop vulnerability assessment procedures and methodologies that are mutually acceptable. Over the next two years, prioritize critical infrastructure assets requiring vulnerability assessments, identify resources and begin conducting coordinated assessments. Facilitate among governments and critical infrastructure operators the sharing of best practices.

Protection, Prevention and Response: Develop and implement a common approach to critical infrastructure protection and response to cross-border terrorist incidents and, as applicable, natural disasters

INITIATIVE	HOW IT BENEFITS NORTH AMERICA	KEY MILESTONES
Develop and implement joint plans for cooperation on incident response, and conduct joint training and exercises in emergency response.	Coordinated incident response plans will significantly enhance the three countries' ability to protect our citizens, minimize loss and damage to life and property, and restore basic services and commerce.	Initiate planning within 6 months for a preparedness exercise to be conducted in advance of the 2010 Winter Olympics in Vancouver/Whistler. Develop a plan within 12 months to strengthen mechanisms for communicating and coordinating emergency response, including protocols for mutual assistance and cooperation in the event of natural and technological/industrial disasters or malicious acts. Within 12 months, participate in coordinated joint training and exercise programs leading to full-scale exercises. Within 12 months, develop an interoperable communication system to ensure appropriate coordination for Canada, U.S. and Mexico involving cross-border incident management. Within 12 months, develop coordinated business resumption protocols at the border in the event of a disaster and/or an increased alert level. Improve coordination of efforts in regional and multilateral forums within 18 months to strengthen incident response goals in cyber-security. Share plans within 6 months to communicate with private transportation interests to provide timely updates in the event of incidents.

FURTHER STREAMLINE THE SECURE MOVEMENT OF LOW-RISK TRAFFIC ACROSS OUR SHARED BORDERS

BORDER FACILITATION
SCIENCE AND TECHNOLOGY COOPERATION

Border Facilitation

Border Facilitation: build capacity and improve the legitimate flow of people and cargo at ports of entry within North America

INITIATIVE	HOW IT BENEFITS NORTH AMERICA	KEY MILESTONES
Improve the efficiency of existing border infrastructure and reduce transit times by expanding low-risk facilitation programs such as NEXUS, SENTRI and FAST. Work with the private sector, states and provinces, as well as local governments, to develop new border capacity to meet long-term demand.	Long wait times and traffic congestion at our borders represent a cost to our economies and an unnecessary burden on legitimate trade and passengers crossing the borders. Developing an infrastructure and transportation investment plan will allow all three countries to complement our future public spending and provide our border users with well-planned border and transportation improvements on each of the borders. As trade continues to increase, we will improve our infrastructure along the borders to facilitate the increasing volume of traffic and heightened demand for secure and efficient movement across the border. Our governments will promote the secure and efficient flow of legitimate trade and travel.	Expand the SENTRI program to San Ysidro (CA) / Tijuana; Calexico (CA) / Mexicali (BC); Nogales (AZ) / Nogales (SON); El Paso (TX) / Cd. Juarez (CHIH); Laredo (TX) / Nuevo Laredo (SON); Brownsville (TX) / Matamoros (TAMPS) within 12 months. Expand FAST sites to priority border crossings at Santa Teresa (NM) / Cd. Juarez (CHIH); Rio Grande City (TX) / Camargo (TAMPS); Tecate CA) / Tecate (BC); Douglas (AZ) / Agua Prieta (SON); San Luis (AZ) / San Luis Rio Colorado (SON); Eagle Pass (TX) / Piedras Negras (COAH); and Del Rio (TX) / Cd. Acuna (COAH) within 6 months. Develop a plan within 6 months for the expansion of the Vancouver NEXUS-Air pilot within North America, and examine the feasibility of expanding the eligibility for NEXUS-Air to include Mexican nationals. In partnership with stakeholders, reduce transit times by 25% at the Windsor-Detroit gateway within 6 months and explore expanding the 25% Challenge to other North American land border crossings within 18 months. Complete negotiations of a formal Canada-U.S. land preclearance agreement within 6 months, with implementation of two land preclearance pilots, contingent on legislative amendments. Assess the feasibility of further streamlining FAST processing at ports of entry within 18 months ("green lanes"). Develop and deploy an accurate system for measuring and reporting border transit times within 36 months.

Border Facilitation: build capacity and improve the legitimate flow of people and cargo at ports of entry within North America

INITIATIVE	HOW IT BENEFITS NORTH AMERICA	KEY MILESTONES
		Convert SENTRI lanes to NEXUS lanes at U.S.-Mexico border ports of entry within 18 months. Complete a review of our transportation and border facility needs and identify priorities within 24 months, and then in partnership with state and provincial partners, develop an implementation plan to prioritize future infrastructure investments by 2008.
Work with the private sector, states and provinces, as well as local governments, to construct new border infrastructure to meet long-term demand, to include building a low-risk port of entry to expedite the secure movement of cargo across the border.	Expanding border infrastructure will maximize the potential of current low-risk programs such as FAST, NEXUS and SENTRI. It will also better support the increased trade resulting from NAFTA and will expedite the security processing of all cross-border trade and travel.	Begin construction of additional FAST/Expres lanes in Nogales, AZ – Nogales, SON within 6 months. Within 24 months, investigate the feasibility of a pilot program to convert an existing port of entry in Texas to the exclusive use of low-risk cargo and passengers, as well as consider building a new low-risk port of entry pilot at Otay Mesa. Within 12 months, complete feasibility study of extending FAST/Expres to air and sea modes to provide expedited security processing at the first port of entry into North America of identified low-risk shipments.

Science and Technology Cooperation

Science and Technology Cooperation: Identify, develop and deploy new technologies to advance our shared security goals and promote the legitimate flow of people and goods across our borders

INITIATIVE	HOW IT BENEFITS NORTH AMERICA	KEY MILESTONES
Continue incorporating hi-tech equipment along the U.S.-Mexico border for the efficient and secure flow of people and goods, and continue identifying appropriate sites for its deployment.	Leveraging our respective scientific and technological expertise toward innovative solutions makes our border more efficient and secure.	Identify and assess possible technology-based solutions for tightening border security and facilitating low-risk travel at North America's external border.

Hold a workshop on the topic of agricultural terrorism addressing issues including food security across borders and research associated with foreign animal disease (e.g. foot and mouth disease). |
| Establish a joint research and development program for security-related science and technology based on priorities established through a coordinated risk assessment. | Harnessing the science and engineering resources of Canada and the United States helps create the innovative technology capabilities required to enhance the safety and security of both nations. | Through the Canada-U.S. Public Security Technical Program (PSTP), cooperate in public safety-related research, development, testing, evaluation and deployment of technologies.

Approve and implement cooperative projects that address prioritized technology gaps for border security, biosecurity, critical infrastructure protection and counter-terrorism. |

Alianza para la Seguridad y la Prosperidad de América del Norte

Reporte a los Mandatarios

junio 2005

Índice

PROSPERIDAD

Bienes de Manufactura y Competitividad Sectorial y Regional

Bienes de Manufactura y Competitividad Sectorial y Regional:
Mejorar y Simplificar los Procesos de Regulación en América del Norte

INICIATIVA	BENEFICIO PARA AMÉRICA DEL NORTE	EVENTOS DETERMINANTES
Desarrollar un Marco Trilateral de Cooperación Regulatoria para el 2007.	El marco no solamente apoyará y reforzará la cooperación existente, sino que impulsará una mayor cooperación entre reguladores, desde el inicio del proceso de regulación, e impulsará la compatibilidad de regulaciones y la reducción de pruebas y requisitos de certificación redundantes, manteniendo altos estándares de salud y seguridad.	Establecer un grupo trilateral "central" para redactar la propuesta del Marco para finales del 2005. Organizar un seminario trilateral en materia de cooperación regulatoria para revisar los sistemas reguladores de Canadá, EE.UU. y México. Esto servirá para determinar las formas de incentivar la cooperación y mejorarla (marzo del 2006). Finalizar el Marco Trilateral para la Cooperación Regulatoria para el 2007. Monitorear los esfuerzos de cooperación, con miras a publicar un reporte de los progresos y logros para el 2008.

Bienes de Manufactura y Competitividad Sectorial y Regional:
Acero: Una Sociedad Estratégica – Una Industria Estratégica

INICIATIVA	BENEFICIO PARA AMÉRICA DEL NORTE	EVENTOS DETERMINANTES
Promover una Estrategia para el Acero en Norteamérica.	Los tres gobiernos han acordado buscar una Estrategia de Acero de América del Norte que promueva el crecimiento, la competitividad y la prosperidad. La estrategia beneficiará a los fabricantes de acero en América del Norte, reduciendo las distorsiones, facilitando el comercio, e impulsando la estabilidad del mercado del acero. La competitividad y la productividad de la industria siderúrgica serán mejoradas por el desarrollo de mercado y por la innovación.	Los Gobiernos de América del Norte coordinarán sus comentarios en el **"Blueprint"** de la OCDE, para un acuerdo de subsidios al acero (junio del 2005). Crear un grupo de trabajo pequeño, trilateral, privado y de gobierno, para redactar un programa de trabajo detallado para la concretización de las prioridades de la estrategia del sector del acero: el Informe será entregado para su discusión en la Reunión del Comité del Comercio Norteamericano del Acero (noviembre del 2005). Los Gobiernos consultarán con su industria siderúrgica y entre ellos sobre la reunión Ministerial de la OMC en Hong Kong en diciembre de 2005. Los Gobiernos discutirán sus sistemas de monitoreo para intercambiar buenas prácticas, éxitos y posibles formas de mejorar el monitoreo de las importaciones (marzo del 2006).

Bienes de Manufactura y Competitividad Sectorial y Regional: Hacia un Sector Automotríz Completamente Integrado

INICIATIVA	BENEFICIO PARA AMÉRICA DEL NORTE	EVENTOS DETERMINANTES
Creación del Consejo Automotriz de América del Norte.	El Consejo Automotriz, dirigido por el sector automotor de Norteamérica (APCNA, por sus siglas en inglés), es un mecanismo para que los gobiernos de América del Norte trabajen con actores relevantes para asegurar la competitividad del sector automotor y analizar el conjunto de asuntos regulatorios, de innovación, infraestructura de transporte, facilidades fronterizas.	Establecer formalmente el APCNA para septiembre del 2005 El APCNA hará recomendaciones a los gobiernos sobre retos y oportunidades clave.
Promover una mayor compatibilidad en las regulaciones automotrices, en sus normas y evaluaciones de la conformidad, a la vez que se asegura el cuidado ambiental y la seguridad.	La compatibilidad en este sector asegurará que las actuales y futuras regulaciones obligatorias y los procedimientos de muestreo, faciliten el comercio y la competitividad, asegurando la seguridad y la protección al medio ambiente.	El Consejo de Normas Automotrices y el Subcomité de Transporte Terrestre del TLCAN, se reunirán para considerar los procedimientos de las normas, regulaciones y procedimientos de las evaluaciones de la conformidad identificadas por los actores relevantes.
Coordinar el desarrollo de regulaciones técnicas en materia de seguridad y medio ambiente en Canadá, EE.UU. y México a través de las regulaciones técnicas globales UN/ECE.	La coordinación en América del Norte en materia de desarrollo de regulación y protección ambiental será significativamente mejorada a través de la participación de los tres países en el Grupo de Trabajo WP29.	El proceso comenzado por México para participar en el Grupo WP29 finalizó, por lo que México ha decidido participar en el mencionado Grupo.

Bienes de Manufactura y Competitividad Sectorial y Regional: Norteamérica Sin Imitaciones

INICIATIVA	BENEFICIO PARA AMÉRICA DEL NORTE	EVENTOS DETERMINANTES
Combatir los productos falsos y la Piratería.	América del Norte comparte una meta común en el combate a la falsificación y la piratería de productos, ya que debilita la creatividad, deteriora el desarrollo económico y puede tener implicaciones en la seguridad y en la salud pública. El crimen organizado utiliza cada vez más las rutas globales de comercio para distribuir y vender productos falsos y piratas, lo que implica pérdidas por miles de millones de dólares cada año para los legítimos propietarios de los derechos de propiedad intelectual en América del Norte.	Para 2006, desarrollar una estrategia coordinada, enfocada al combate de la falsificación y la piratería, así como a fortalecer la identificación y la disuasión de las mismas, la ampliación de la conciencia pública y los esfuerzos en cuanto al comercio de piratería y bienes falsificados. Desarrollar medidas para determinar los avances y estimar la magnitud del problema.

Bienes de Manufactura y Competitividad Sectorial y Regional: Otras Iniciativas

INICIATIVA	BENEFICIO PARA AMÉRICA DEL NORTE	EVENTOS DETERMINANTES
Concluir el Acuerdo de Reconocimiento correspondiente a las especificaciones de Canadá y EE.UU. para los contenedores utilizados en el transporte de materiales peligrosos.	Esto contribuirá a asegurar que los bienes puedan tener libre circulación a través de las fronteras.	Las autoridades relevantes se reunirán para comenzar las discusiones.
Emprender un programa que promueva el reconocimiento mutuo de los resultados de las pruebas de laboratorio con respecto a los estándares de medición en América del Norte.	Los productos probados con equipo cuyos resultados sean rastreables hasta los estándares de alguno de los países de América del Norte, serán aceptables en los tres países. Esto reducirá la duplicidad de las pruebas y los gastos para los fabricantes.	Reconocer mutuamente los resultados de los laboratorios en las pruebas de las medidas dimensionales y de emisiones automotrices, para marzo del 2006.. Reconocer mutuamente los resultados de los laboratorios en cuanto a las medidas de flujo para emisiones de azufre, de gasolina-petróleo y medidas químicas generales, para marzo del 2007. Desarrollar un plan de trabajo para la cooperación a largo plazo en metrología (marzo del 2007).

Bienes de Manufactura y Competitividad Sectorial y Regional: Otras Iniciativas

INICIATIVA	BENEFICIO PARA AMÉRICA DEL NORTE	EVENTOS DETERMINANTES
Facilitar el comercio de los dispositivos médicos.	Una reducción en el numero de auditorias de sistemas de calidad que los productores deben de cumplir reduciría la carga regulatoria y los costos para los empresarios. La cooperación regulatoria también conducirá a una convergencia de normas, por lo que se reducirán las diferencias innecesarias en los requerimientos técnicos y se promoverá una más pronta aprobación de productos.	Pequeñas y medianas empresas canadienses y mexicanas de aparatos médicos han tenido acceso al descuento de aparatos médicos del FDA, por sus siglas en inglés, para pequeñas y medianas empresas. Canadá y EE.UU. buscarán oportunidades de cooperación con los sistemas de los programas de inspección y auditoria del país socio para marzo del 2008). Avanzar hacia una mayor convergencia de prácticas regulatorias en América del Norte, utilizando los lineamientos del Global Harmonization Task Force (GHTF, por sus siglas en inglés) (marzo del 2008).
Promover un mayor acceso al mercado de productos naturales para la salud en América del Norte.	Los fabricantes de productos naturales se beneficiarán de la oportunidad del acceso al mercado para sus productos.	Las autoridades de Canadá, EE.UU. y México participarán en mesas redondas para intercambiar información referente a los procedimientos de la evaluación de la conformidad de cada uno para septiembre del 2005).

Bienes de Manufactura y Competitividad Sectorial y Regional: Otras Iniciativas

INICIATIVA	BENEFICIO PARA AMÉRICA DEL NORTE	EVENTOS DETERMINANTES
Promover las pláticas para analizar la posibilidad de tener una notificación única de evaluación para la introducción de nuevas sustancias químicas bajo el acuerdo de las "Cuatro Esquinas" de Canadá y EE.UU. y/o el proyecto piloto de la OCDE de aceptación mutua de notificaciones.	Compartir esta única notificación e información de la evaluación en relación a nuevos químicos, reducirá el tiempo y costo de las evaluaciones.	Dar inicio a un proceso de preparación cooperativa y al intercambio de documentación de la evaluación entre las partes. Desarrollar un inventario trilateral de los químicos circulando en el comercio. Evaluar los resultados de los dos años del programa piloto de la OCDE de aceptación de mutuas notificaciones .
Enfoque común para el etiquetado textil.	La armonización de los requerimientos del etiquetado reducirá costos para los productores y facilitará el comercio de la industria textil y del vestido entre las partes.	Finalizar y firmar el arreglo de "Cuidado en Símbolos Textiles" para la industria textil y del vestido. Desarrollar un método común para identificar la identidad de los distribuidores de artículos textiles.
Mejorar la cooperación en regulaciones de equipo de seguridad marítimo y recreativo.	Esto promoverá el acceso al mercado y la reducción de costos.	Determinar la necesidad y voluntad para negociar un acuerdo de equivalencia, e identificar las categorías de los productos y las regulaciones y normas que enmarcan los equipos marinos. Determinar la necesidad de negociar un acuerdo de reconocimiento mutuo para reconocer los certificados de la conformidad para la construcción de equipo marítimo recreativo.

Bienes de Manufactura y Competitividad Sectorial y Regional: Otras Iniciativas

INICIATIVA	BENEFICIO PARA AMÉRICA DEL NORTE	EVENTOS DETERMINANTES
Fortalecer y promover el intercambio de información y de actividades de cooperación de protección y salud pública relacionadas a la protección del consumidor.	El Memorando de Entendimiento (MOU, por sus siglas en inglés) establecerá mecanismos en los que el intercambio de información relacionada a la administración de riesgos, la implementación, las pruebas de laboratorios, memorias, el desarrollo regulatorio y el monitoreo post-venta, que mejorarán la protección al consumidor en América del Norte.	Finalizar y firmar un Memorando de Entendimiento entre EE.UU. y Canadá (junio de 2005).

Finalizar y firmar un Memorando de Entendimiento entre EE.UU. y México.

Iniciar las negociaciones sobre un Memorando de Entendimiento potencial entre Canadá y México. |
| Trabajar para identificar y responder con mayor efectividad ante los elementos que afectan la competitividad económica de América del Norte. | Los rápidos y dinámicos cambios de la globalización ofrecen oportunidades significativas y retos comunes para las empresas de América del Norte. Los Gobiernos de América del Norte se ven también afectados ante esto y deben ser flexibles en sus respuestas. Construir sobre las bases de organizaciones existentes que brindan asesoría estratégica sobre la manera de fortalecer la economía de América del Norte ayudará oportunamente a los gobiernos a identificar estos asuntos. | Desarrollar una propuesta a ser considerada por los Ministros para aprovechar organizaciones ya establecidas (marzo del 2006). |

Bienes de Manufactura y Competitividad Sectorial y Regional: Otras Iniciativas

INICIATIVA	BENEFICIO PARA AMÉRICA DEL NORTE	EVENTOS DETERMINANTES
Explorar oportunidades para colaborar en otras áreas clave como biotecnología, nanotecnología, cadenas de distribución y logística administrativa, productos forestales, PyMES, materiales de construcción, etiquetado de fibras, cadena de proveedores de vegetales, y en un acercamiento a los mercados emergentes.	La Alianza para la Prosperidad y la Seguridad de América del Norte compromete a los gobiernos de la región a un continuo proceso de cooperación con nuevos temas en la agenda, de común acuerdo, como resultado de las circunstancias. Para continuar con los esfuerzos que revitalicen la competitividad y mejoren la calidad de vida en la población de América del Norte, los gobiernos de los tres países acordaron analizar las oportunidades de colaboración en otras áreas que pudieran sumarse a la agenda de trabajo después del Reporte de junio. Por ejemplo, los tres gobiernos consultarán con los actores relevantes de las PyMES sobre las formas de encaminar sus muy particulares retos al contexto de América del Norte.	Desarrollar e informar sobre iniciativas potenciales.

Movimiento de Bienes

Movimiento de Bienes: Expandiendo el trato Arancelario preferencial a través de la Liberalización de las Reglas de Origen, cubriendo al menos $30 mil millones de dólares en comercio trilateral para 2007

INICIATIVA	BENEFICIO PARA AMÉRICA DEL NORTE	EVENTOS DETERMINANTES
Reducir los costos asociados a las "Reglas de Origen" en el comercio de bienes entre nuestros países.	Liberalizar las Reglas de Origen reducirá los costos administrativos y brindará a los productores una mayor flexibilidad para conseguir los componentes de la producción de bienes. Esto facilitará que los exportadores califiquen para un trato preferencial TLCAN, lo que promovería el comercio trilateral.	Junio de 2005: Anunciar la implementación trilateral del primer paquete de cambios a las Reglas de Origen. Para el 30 de septiembre de 2005, completar las consultas públicas del segundo paquete de cambios a las Reglas de Origen. Trabajar para implementar el segundo paquete de cambios a las Reglas de Origen para el 1° de enero de 2006, o a más tardar a mediados de 2006. Completar las negociaciones del tercer paquete de cambios a las Reglas de Origen para el 1° de mayo de 2006, buscando que el paquete sea lo más integral y ambicioso posible.
Explorar oportunidades para facilitar el comercio.	Las iniciativas encaminadas a facilitar el comercio de bienes promoverán las oportunidades de negocio entre los tres países.	Las consultas con los grupos relevantes comenzarán inmediatamente, con el objeto de definir las prioridades que faciliten el comercio. Hacia finales de 2005, los tres países se reunirán para hablar de propuestas específicas, reflejando lo trabajado durante las consultas.

E-COMERCIO Y TICs

E-comercio y TICs: Maximización de negocios en línea y confianza al usuario

INICIATIVA	BENEFICIO PARA AMÉRICA DEL NORTE	EVENTOS DETERMINANTES
Marco de Principios Comunes para el Comercio Electrónico	El Marco de Principios apoyará la conducción del Comercio electrónico transfronterizo que promoverá el crecimiento de los negocios en línea en América del Norte al reforzar la confianza del usuario, a través de la protección a la privacidad y el mutuo reconocimiento de las firmas y documentos electrónicos, y a través de la facilitación de las prácticas y procedimientos del comercio electrónico transfronterizo. El Marco define las funciones del gobierno y del sector privado, facilitando la transparencia y seguridad, así como el desarrollo del mercado del e-comercio. También acelerará el uso de las TICs mediante la eliminación de barreras al e-comercio en transacciones transfronterizas.	Marco firmado en junio de 2005. Instrumentación de elementos de trabajo para marzo de 2007.
Otorgar efecto legal al uso de las firmas electrónicas y a las transacciones contractuales en línea	Este desarrollo promoverá el crecimiento de las transacciones electrónicas transfonterizas, reconociendo las firmas y documentos electrónicos como instrumentos legales	Enfoques y asuntos identificados para diciembre de 2005. Borrador de procedimientos para junio de 2006. Instrumentación para marzo de 2007

E-comercio y TICs: Maximización de negocios en línea y confianza al usuario

Iniciativa	Beneficio para América del Norte	Eventos Determinantes
Instrumentación del Acuerdo de Reconocimiento mutuo y Procesos de Conformidad de la Comisión Interamericana de Telecomunicaciones (CITEL)	Esto facilitará el proceso para los proveedores de equipo: reduce los costos asociados con la duplicidad en las pruebas o procesos de conformidad de ciertos equipos de telecomunicaciones antes de que puedan ser vendidos en el mercado de América del Norte.	Instrumentación de la Fase I (ej. Aceptación de los resultados de las pruebas de laboratorios reconocidos): EE.UU. y Canadá-junio del 2005 México-inicio de la instrumentación para junio de 2006 Instrumentación de la Fase II (ej. Aceptación de la certificación del producto de instancias de certificación reconocidas): EE.UU. y Canadá-finales del 2007 Basado en la experiencia de la Fase I, México explorará, a partir de marzo del 2008, la posibilidad de instrumentar la Fase II.
Explorar un acuerdo sobre mecanismos para asegurar las consultas bilaterales/trilaterales sobre política de telecomunicaciones y del espectro.	Otorga a cada país habilidades mejoradas para desarrollar acercamientos y posiciones comunes ante foros internacionales (Unión de Telecomunicaciones Internacionales, CITEL) y foros bilaterales (Comisión Consultiva de Alto Nivel México-EE.UU., Comité de Enlace Radiotécnico Canadá-EE.UU.), colaboración en política del espectro y regulación técnica, reforzamiento de la importancia de las TICs en las respectivas economías.	Plan de trabajo a ser desarrollado para diciembre del 2005

E-comercio y TICs: Maximización de negocios en línea y confianza al usuario

INICIATIVA	BENEFICIO PARA AMÉRICA DEL NORTE	EVENTOS DETERMINANTES
Las agencias/departamentos pertinentes discutirán los procedimientos para agilizar la negociación y conclusión de acuerdos nuevos o enmendados para la coordinación y compartición de bandas de frecuencia en las zonas fronterizas	Canadá, México y EE.UU. tienen grandes áreas geográficas en las áreas fronterizas, cada una con población considerable, incluyendo grandes centros urbanos. Debido a que las nuevas tecnologías y servicios inalámbricos continúan emergiendo a una taza creciente, cualquier acuerdo para la compartición de bandas de frecuencia estará a tiempo con un impacto extensivo y positivo.	Primeras discusiones para diciembre del 2005

Servicios Financieros

Servicios Financieros

INICIATIVA	BENEFICIO PARA AMÉRICA DEL NORTE	EVENTOS DETERMINANTES
Evaluar los programas actuales de asistencia técnica para reguladores y supervisores de banca, valores y seguros.	Contribuye a un mejor y efectivo desarrollo e instrumentación de las iniciativas regulatorias, proporcionando a los supervisores del sector financiero las herramientas para proteger a los consumidores y mantener la integridad de los sistemas financieros en las jurisdicciones del TLCAN.	Inventario de los programas de asistencia técnica existentes en capacitación, a fin de identificar nuevas áreas potenciales de capacitación: para diciembre de 2005.
Fomentar la cooperación en educación/capacitación financiera.	Promueve el uso del sector financiero formal, productos y servicios financieros mejorados, así como la competencia.	Incrementar los contactos y las consultas entre las dependencias mexicanas y estadounidenses sobre cómo intercambiar experiencias en educación/capacitación financiera: para diciembre de 2006.
México y EE.UU. promoverán mayor eficiencia y fomentarán el uso del sistema de Transferencia Electrónica de Fondos Internacionales (TEFI).	Contribuye a una infraestructura financiera continental más consolidada y a la reducción de costos de las transacciones transfronterizas.	Celebrar sesiones promocionales conjuntas México-EE.UU. para TEFI en los consulados mexicanos en los EE.UU., bajo el programa "Directo a Mexico": para junio de 2006. El Comité de Servicios Financieros del TLCAN reportará sobre la factibilidad de transformar el mecanismo TEFI de uni-direccional EE. UU.-México, a bi-direccional: para junio de 2007.

Servicios Financieros

INICIATIVA	BENEFICIO PARA AMÉRICA DEL NORTE	EVENTOS DETERMINANTES
Canadá y EE.UU. considerarán la eliminación de la retención de impuestos y de los intereses sobre impuestos aplicados a sucursales en el pago de intereses transfronterizos.	Asegura que el tratado sobre tributación refleje tanto la evolución de las políticas impositivas internas como las necesidades del comercio y los negocios transfronterizos.	Los negociadores del tratado Canadá- EE.UU. lo discutirán en el marco de las negociaciones en curso.
Fortalecer el intercambio de información financiera.	Contribuye a mejorar la administración tributaria y a reducir costos en la prestación de servicios bancarios.	El Comité de Servicios Financieros del TLCAN consultará con las autoridades tributarias y realizará un reporte con recomendaciones para mejorar los acuerdos de intercambio de información financiera: para diciembre de 2005.
Fomentar la discusión de asuntos en torno a mayores transacciones transfronterizas, a través de un acceso directo a las plataformas electrónicas comerciales existentes de las bolsas de valores y de derivados a lo largo de la región, sin comprometer la protección a los inversionistas.	Apoya el fortalecimiento de los mercados de capital y la prestación más eficiente de servicios bursátiles a través de costos de transacción reducidos y de un menor costo del capital para las empresas.	Iniciar el diálogo con reguladores en relación al acceso directo a las bolsas de valores existentes: para junio de 2007.

Servicios Financieros

Iniciativa	Beneficio para América del Norte	Eventos Determinantes
Buscar formas para mejorar la disponibilidad y el acceso a la cobertura de seguros para autotransportistas involucrados en el comercio transfronterizo en América del Norte.	Contribuye a mejorar el acceso al capital y a una competencia más amplia en el mercado de seguros.	EE.UU. y Canada trabajarán por una posible enmienda a la Regulación Federal de los EE.UU. para la Administración de la Seguridad del Autotransporte de Carga, a fin de permitir a las aseguradoras canadienses suscribir directamente la forma MCS-90, relativa a la suscripción de pólizas de seguros de obligación pública para autotransporte de carga: para junio de 2006. Facilitar e incrementar los flujos de turismo a través de varios medios, incluyendo la posibilidad de explorar el establecimiento de seguros transfronterizos para autos de particulares: para junio de 2007.
Fomentar la identificación de temas regulatorios de interés común y otros asuntos financieros y regulatorios del interés de alguna de las Partes y trabajar en conjunto para facilitar la cooperación.	Sirve para fortalecer los sistemas financieros en los tres países, al tiempo de mantener altos estándares de seguridad, solidez y de protección a inversionistas. Asimismo, sirve para fortalecer el papel de los servicios financieros como soporte al incremento de la eficiencia y la productividad en general, lo que permitirá a las empresas de todos los sectores de América del Norte, fortalecer sus posiciones competitivas, trayendo consigo más y mejores oportunidades para el desarrollo de los tres países.	El Grupo de Trabajo de Servicios Financieros fomentará que los reguladores identifiquen temas regulatorios de interés común y reporten los resultados de sus consultas: para diciembre de 2007.

Transporte

Transporte Aéreo en América del Norte: Expandiendo nuestros horizontes

INICIATIVA	BENEFICIO PARA AMÉRICA DEL NORTE	EVENTOS DETERMINANTES
Explorar oportunidades para expandir las relaciones de transporte aéreo sobre bases bilaterales y trilaterales.	Alienta el desarrollo de nuevos mercados y servicios, precios más bajos y mayor competencia, beneficiando a los ciudadanos de América del Norte, asegurando una industria del transporte aéreo fuerte y vibrante, que esté bien posicionada para aprovechar las oportunidades en los mercados internacionales.	Entre 2005-06 realizar negociaciones sobre una base bilateral. Iniciar el diálogo para identificar, a finales del 2006; temas que permitan avanzar hacia un acuerdo trilateral.
Aumentar la capacidad del espacio aéreo en América del Norte y permitir a las aeronaves volar rutas más eficientes en forma segura.	La implementación de la Reducción de los Mínimos de Separación Vertical (RVSM, *Reduced Vertical Separation Minimum*) promueve el uso eficiente y seguro del espacio aéreo y reduce costos a las aerolíneas y a los usuarios.	Como estaba originalmente programado y acordado, en enero de 2005 la RVSM fue implementada en forma simultáneamente por los tres países. La iniciativa ha sido completada y ha aumentado la capacidad como se tenía previsto.
Alcanzar un acuerdo que permita a la aviación privada –no comercial-, incluyendo las aeronaves de propiedad fraccionada, volar libremente en los tres países.	Permite a los habitantes de América del Norte hacer un mayor uso de sus aeronaves, permitiéndoles avanzar en sus objetivos de negocios. Aumenta la eficiencia de la aviación privada –no comercial-, reduciendo costos y burocracia.	Consultar a los actores relevantes y establecer un régimen regulatorio compatible de propiedad fraccionada en América del Norte en 2005. Abordar las barreras económicas contra un régimen trilateral "abierto" a través de la identificación de limitaciones en el nivel nacional y determinando cómo pueden ser superadas, así como alcanzando un acuerdo sobre un régimen equitativo que aplique a los tres países. El Acuerdo habrá de ser completado e implementado en 2006.

Transporte Aéreo en América del Norte: Expandiendo nuestros horizontes

INICIATIVA	BENEFICIO PARA AMÉRICA DEL NORTE	EVENTOS DETERMINANTES
Mejorar la seguridad en la aviación y la navegación aérea.	Cielos más seguros, a través de normas homologadas para la implementación de RNAV (*Area Navigation/ Navegación de Area*)-RNP (*Required Navigation Performance/* Sistema de Navegación Asistida) a lo largo de América del Norte, lo que simplifica la capacitación y mejora la eficiencia de las aerolíneas.	Establecer una estrategia conjunta para la homologación de RNAV-RNP y firmar una declaración formal en 2005.
	La implementación del sistema WAAS (*Wide Area Augmentation System/* Sistema de Aumentación Satelital), basado en el Sistema de Posicionamiento Global (GPS) de EE.UU., en toda América del Norte, incrementará la precisión de la navegación aérea en la región.	Instalar cinco estaciones WAAS en Canadá y México para 2005. Instalar cuatro estaciones WAAS adicionales en 2006. Continuar las consultas para plantear posiciones conjuntas en 2005.
	La implementación de un intercambio automático de datos de vuelo entre instalaciones de control de tráfico aéreo transfronterizas para aumentar la seguridad y la capacidad.	
Trabajar hacia un Acuerdo Bilateral de Seguridad en la Aviación (BASA) México-EE.UU.	Negociaciones de un Memorandum de Cooperación para trabajar hacia este objetivo, sería el primer paso concreto hacia un eventual BASA entre EE.UU. y México. La firma del BASA facilitará la transferencia y venta de productos aeronáuticos dentro de América del Norte.	Para fines de 2006, firmar un Memorandum de Cooperación.

Cruces Fronterizos mas seguros, rapidos y eficientes

INICIATIVA	CÓMO BENEFICIA A AMÉRICA DEL NORTE	EVENTOS DETERMINANTES
Usar mecanismos nuevos o mejorados para apoyar la planeación fronteriza, el intercambio de información y las comunicaciones.	El uso de mecanismos bilaterales tales como el Grupo de Trabajo de Transporte Fronterizo EE.UU.-Canadá (TBWG) y el Comité Conjunto de Trabajo (JWC) sobre la Planeación del Transporte EE.UU.-México permitirá una mejor planeación para inversiones prioritarias en infraestructura fronteriza en el futuro. Estados Unidos y Canadá completarán un compendio de infraestructura fronteriza y desarrollarán un plan de implementación para inversiones en infraestructura prioritaria en puertos fronterizos terrestres que son clave, mejorarán el comercio fronterizo y la información del tráfico, mejorarán la eficiencia de las agencias fronterizas y el movimiento transfronterizo de bienes y personas, intensificarán el uso de tecnologías de apoyo y mejorarán la planeación y coordinación del transporte en la frontera. Se desarrollarán métodos para detectar cuellos de botella en la frontera EE.UU.-México y se construirán o implementarán los proyectos de bajo costo/alto impacto identificados en los estudios de cuellos de botella. En conjunto, estas medidas darán lugar a cruces fronterizos más seguros, rápidos y eficientes, mejorando los flujos comerciales y fortaleciendo la prosperidad en América del Norte.	Revitalizar el Grupo de Trabajo de Transporte Fronterizo EE.UU.-Canadá y el Comité Conjunto de Trabajo sobre Planeación del Transporte EE.UU.-México para finales de 2005. Completar un compendio de infraestructura fronteriza y desarrollar un plan de implementación para inversiones en infraestructura prioritaria en puertos fronterizos terrestres de entrada que son clave. Conducir consultas con los participantes, incluyendo a la Secretaría de Comunicaciones y Transportes de México (SCT) y a la Administración para el Desarrollo Comercial de EE.UU. (USTDA).

Cruces Fronterizos mas seguros, rapidos y eficientes

INICIATIVA	CÓMO BENEFICIA A AMÉRICA DEL NORTE	EVENTOS DETERMINANTES
		Iniciar nuevos estudios sobre los principales corredores del TLCAN entre México y Estados Unidos. y desarrollar una metodología para aliviar cuellos de botella dentro de la red carretera y los puertos de entrada para mediados de 2006 (9 meses). En el verano de 2005, convocar a un seminario sobre financiamiento del transporte EE.UU.-México y, entre 2005-2006 (12 meses), llevar a cabo talleres de seguimiento sobre enfoques innovadores para financiar proyectos a lo largo de la frontera.

Cruces Fronterizos mas seguros, rapidos y eficientes

INICIATIVA	CÓMO BENEFICIA A AMÉRICA DEL NORTE	EVENTOS DETERMINANTES
Dar seguimiento y analizar el comercio fronterizo y los flujos de tráfico, utilizando tecnologías modernas.	Dar seguimiento a las estadísticas de transporte y a las necesidades de infraestructura, así como cubrir faltantes de información, fortalecerán el conocimiento sobre el flujo comercial trilateral, dará soporte a las necesidades de análisis y permitirá una planeación de largo plazo más efectiva . Esto apoyará la utilización óptima de la infraestructura fronteriza en América del Norte y ayudará en el desarrollo de la arquitectura continental del transporte. Desarrollar la Arquitectura del Flujo de Información Fronteriza mejoraría la eficiencia de las entidades fronterizas, a través de una mayor interoperabilidad de tecnologías, y reduciría costos.	Mantener y actualizar las bases de datos trinacionales contenidas en el Intercambio de Estadísticas de Transporte de América del Norte. Concluir su actualización en septiembre de 2005. Implementar tecnologías de pesaje en movimiento (*WIM, Weigh in Motion*) en Canadá y en los cruces fronterizos Canadá-EE.UU. para mejorar el comercio fronterizo y la recolección y análisis de datos sobre tráfico fronterizo en 2005-06. Empezando en 2005, conducir el análisis y modelado de la infraestructura fronteriza y los flujos comerciales en la frontera EE.UU.-México, para apoyar el desarrollo de una mejor arquitectura fronteriza. Modelar 21 puertos de entrada en la frontera con el modelo *"Mexican Border Wizard."* Desarrollar un Sistema de Información Geográfica (GIS) EE.UU.-México para 2006 (18 meses). Completar la versión final de la Arquitectura del Flujo de Información Fronteriza y aprovechar oportunidades para una prueba piloto. Apoyar el diseño de la Arquitectura de Sistemas Inteligentes de Transporte (ITS) para México.

Cruces Fronterizos mas seguros, rapidos y eficientes

Iniciativa	Cómo Beneficia a América del Norte	Eventos Determinantes
Facilitar el comercio fronterizo y los flujos de tráfico.	Ampliar la infraestructura fronteriza y los servicios transfronterizos conmutados, fortalece los flujos comerciales, reduciendo demoras en las frontera.	Para finales de 2006, ampliar la construcción de seis nuevos carriles rápidos en la frontera México-EE.UU., dentro del programa SENTRI o NEXUS. Para diciembre de 2005, implementar un servicio conmutado transfronterizo en la frontera EE.UU.-México, entre El Paso y Ciudad Juárez.

Otras Iniciativas de Transporte

INICIATIVA	CÓMO BENEFICIA A AMÉRICA DEL NORTE	EVENTOS DETERMINANTES
Fortalecer el transporte marítimo de corta distancia.	El mayor uso del transporte marítimo de corta distancia en la logística y comercio de América del Norte ofrece un potencial para mejorar el aprovechamiento de las vías marítimas, reducir la congestión y los costos de transporte, mejorar la integración modal y facilitar el movimiento transfronterizo de bienes y personas. El transporte marítimo de corta distancia tiene el potencial para incrementar la eficiencia de un sistema de transporte más integrado en la región, capaz de satisfacer las demandas de transporte presentes y futuras.	Llevar a cabo una conferencia continental sobre Transporte Marítimo de Corta Distancia en la primavera de 2006. Implementar el Memorandum de Cooperación en 2007. Realizar un proyecto conjunto de estudio/investigación Canadá-EE.UU. en 2005, que sería concluido en 2007.
Coordinar la seguridad ferroviaria en América del Norte.	Incrementar la eficiencia de los flujos de tráfico ferroviario transfronterizo, armonizando los procedimientos de seguridad e intercambiando información.	Continuar realizando reuniones bi-anuales de alto nivel para considerar formas de promover la seguridad ferroviaria y facilitar los flujos del tráfico ferroviario transfronterizo. En 2005, evaluar procedimientos en puntos de cruce críticos. Durante 2005, continuar y ampliar las inspecciones conjuntas de seguridad en lugares fronterizos. Examinar las regulaciones de seguridad ferroviaria para identificar oportunidades que permitan una mayor harmonización hacia fines de 2006.

Otras Iniciativas de Transporte

INICIATIVA	CÓMO BENEFICIA A AMÉRICA DEL NORTE	EVENTOS DETERMINANTES
Reconocer y homologar las normas y regulaciones del autotransporte en América del Norte.	Mejorar la eficiencia del autotransporte, coordinando, donde sea posible, la administración y las normas de peso y dimensiones de los vehículos (VWD).	Sostener reuniones en 2005 y a principios de 2006 para identificar asuntos de pesos y dimensiones (VWD) específicos, que tienen solución potencial. Para 2010, recomendar métodos de coordinación e implementar normas adecuadas y ajustes de administración. Reunirse en 2005 para desarrollar una ruta crítica para abordar la homologación de normas médicas para los operadores de autrotransporte.
	El reconocimiento y la homologación de normas médicas para operadores de autotransporte, así como de calificaciones de seguridad, mejorarán la flexibilidad para los operadores del autotransporte, reduciendo costos y promoviendo mayores flujos comerciales.	En 2005, establecer un protocolo de prenotificación a fin de dar aviso a los socios de ASPAN sobre normas de seguridad inminentes, que podrían tener un impacto significativo en los operadores del autotransporte. Para fines de 2007, establecer procedimientos para el intercambio electrónico de datos sobre seguridad del autotransporte. Para fines de 2007, desarrollar un sistema de reconocimiento mutuo de calificaciones de seguridad de los operadores del autotransporte.
Examinar los beneficios de un concepto de transporte intermodal en América del Norte	Una red de transporte intermodal en América del Norte tiene el potencial de aumentar la eficiencia del transporte, reducir las demoras en el cruce de carga e incrementar la flexibilidad para los flujos comerciales transfronterizos.	Desarrollar el concepto de transporte intermodal para fines de 2006. Avanzar hacia el establecimiento de un plan de trabajo para el desarrollo de un corredor intermodal, la firma de un Memorandum de Cooperación y la realización de un proyecto piloto.

Energía

Energía: Creando una economía energéticamente sustentable para América del Norte

INICIATIVA	BENEFICIO PARA AMÉRICA DEL NORTE	EVENTOS DETERMINANTES
Ampliar la colaboración en materia de ciencia y tecnología.	Nuestros países trabajarán juntos para promover fuentes de energía y tecnologías más limpias y eficientes.	Para junio de 2006, se celebrará una reunión en la que participarán los tres gobiernos para explorar posibilidades, con vistas a mejorar la cooperación en materia de investigación y desarrollo en áreas que incluirán: o Hidratos de Metano o Recursos no-convencionales de gas natural o Recuperación mejorada de petróleo o Alianzas regionales para el secuestro de carbono o Iniciativa de Carbón Limpio para América del Norte o Investigación y desarrollo conjunto para tecnologías de petróleo y gas natural o Hidrógeno o *La Casa Nueva*, un proyecto eco-residencial de eficiencia energética o Taller sobre el aspecto químico y emisiones del combustible de arenas bituminosas Determinar si existen oportunidades para el establecimiento de alianzas público-privadas. Para junio de 2006, se acordarán las áreas en las que se incrementará la cooperación en materia de investigación y desarrollo. Continuar el desarrollo de nuevos instrumentos jurídicos que faciliten una mayor cooperación en materia de ciencia y tecnología, incluyendo transferencias financieras y propiedad intelectual.

Energía: Creando una economía energéticamente sustentable para América del Norte

INICIATIVA	BENEFICIO PARA AMÉRICA DEL NORTE	EVENTOS DETERMINANTES
Incrementar la colaboración en materia de eficiencia energética.	Este esfuerzo resultará en una mejor cooperación en la promoción de la eficiencia energética, incluyendo la armonización de etiquetado y normas de desempeño energético, así como el fortalecimiento de las normas de eficiencia energética en América del Norte.	Para enero de 2006, se establecerá un programa de trabajo con el objetivo de intercambiar información y mejores prácticas, así como llevar a cabo actividades enfocadas a promover la eficiencia energética en América del Norte, así como mejorar la eficiencia de los combustibles vehiculares.
Incrementar la cooperación en materia de regulación.	Los tres países reconocen que una adecuada coordinación de sus esfuerzos promoverá el interés público a través de una mayor eficiencia, acciones expeditas y coordinadas sobre proyectos significativos de infraestructura energética, así como ahorro en costos tanto para el público como para las entidades reguladas. Los tres países acuerdan que los esfuerzos en materia reguladora de la National Energy Board de Canadá (NEB), la Federal Energy Regulatory Commission de Estados Unidos (FERC) y la Comisión Reguladora de Energía de México (CRE), se verán beneficiados por el aumento en comunicación y cooperación respecto a los tiempos y otros aspectos de procedimiento sobre asuntos relacionados que puedan estar pendientes ante cualquiera de las tres agencias.	Junio de 2005: Anunciar la creación de un grupo trilateral de reguladores que se reunirá tres veces al año (cada cuatro meses) para discutir asuntos que afectan los proyectos energéticos transfronterizos.

Energía: Creando una economía energéticamente sustentable para América del Norte

INICIATIVA	BENEFICIO PARA AMÉRICA DEL NORTE	EVENTOS DETERMINANTES
Mejorar la colaboración en materia de electricidad.	La confiabilidad en el suministro de electricidad a través del sistema de redes interconectadas es un asunto prioritario para nuestros países.	Junio de 2005: Anunciar la creación de un grupo de trabajo para la confiabilidad eléctrica que coordinará la orientación que se haga a Estados Unidos y Canadá hacia el Consejo de Confiabilidad Eléctrica de América del Norte (NERC, por sus siglas en inglés) y consejos regionales, con respecto a la Organización de la Confiabilidad Eléctrica (ERO, por sus siglas en inglés) que operará sobre bases internacionales. México participará en el grupo de trabajo como observador. En junio de 2005, se celebró un taller público sobre la versión preliminar de "Los Principios para una Organización de la Confiabilidad que Pueda Funcionar Sobre Bases Internacionales", que involucrará a participantes de los gobiernos, autoridades reguladoras y participantes del sector.
	Los tres países necesitan coordinar esfuerzos en torno a asuntos de reestructuración que pueden impactar el suministro y acceso a la transmisión, así como al diseño del mercado y asuntos de inversión que impactan los mercados de América del Norte.	A finales de 2005, se celebrará un taller trilateral sobre infraestructura eléctrica transfronteriza que involucre participantes de la industria eléctrica y otros actores relevantes.

Energía: Creando una economía energéticamente sustentable para América del Norte

INICIATIVA	BENEFICIO PARA AMÉRICA DEL NORTE	EVENTOS DETERMINANTES
	El incremento del uso de las energías renovables (incluyendo aquellas para la generación de electricidad) puede ayudar a los tres países a mejorar la seguridad energética y el medio ambiente.	Para enero de 2006, se llevarán a cabo conversaciones sobre la posible cooperación en materia de energías renovables.
	Desarrollar un sitio público web que hará la información sobre asuntos de regulación del sector eléctrico más transparente y accesible a todos los participantes del sector interesados, promoverá el comercio de electricidad en América del Norte y proveerá los medios para una mejor comunicación entre los participantes del sector y las agencias gubernamentales.	Para la primavera de 2006, lanzamiento de un sitio web para proporcionar información oportuna sobre las acciones en materia de regulación eléctrica llevadas a cabo en cada país que afecten el comercio transfronterizo de electricidad.

Energía: Creando una economía energéticamente sustentable para América del Norte

INICIATIVA	BENEFICIO PARA AMÉRICA DEL NORTE	EVENTOS DETERMINANTES
Mayor producción económica de arenas bituminosas.	La región de América del Norte colaborará en la identificación de mercado, infraestructura y capacidad de refinación, así como en el desarrollo de tecnologías para reducir costos e impactos ambientales provenientes de la producción de arenas bituminosas, a fin de promover un desarrollo sustentable óptimo de los recursos provenientes de arenas bituminosas.	México participará como observador. Para enero de 2006, con base en discusiones conjuntas con los participantes clave del sector y expertos científicos, se emitirá un informe que abordará aspectos de mediano y largo plazos sobre el desarrollo del mercado para las arenas bituminosas y las implicaciones en infraestructura y refinación por el aumento en penetración del mercado de las arenas bituminosas. Para junio de 2006, trabajando a partir de los resultados del Taller de junio de 2005 sobre los Aspectos Químicos de las Arenas Bituminosas y Emisiones de Motores en Marcha, se emitirá un documento que abordará las opciones futuras de combustibles para América del Norte, las implicaciones de la producción de arenas bituminosas en el mercado, así como los impactos para las refinerías e infraestructura. Para junio de 2007, se producirá un documento que examine las prospectivas a largo plazo respecto de la recuperación ampliada de petróleo en Canadá y Estados Unidos usando CO_2 en las operaciones de arenas bituminosas.

Energía: Creando una economía energéticamente sustentable para América del Norte

INICIATIVA	BENEFICIO PARA AMÉRICA DEL NORTE	EVENTOS DETERMINANTES
Incremento de la colaboración en materia de gas natural.	Esta iniciativa abordará una serie de asuntos relacionados con el mercado del gas natural en América del Norte, incluyendo: producción, transportación, transmisión, distribución, consumo, comercio, interconexiones y gas natural licuado, así como proyecciones a futuro. Esta iniciativa también se enfoca en la transparencia de las regulaciones, leyes y procesos de emplazamiento en los tres países para promover un mayor intercambio comercial y de inversión en la región. La iniciativa resultará en un mejor entendimiento y conocimiento del mercado de energía de América del Norte que pueda contribuir a la seguridad energética y, por lo tanto, coadyuvar en el desarrollo económico de la región.	En agosto de 2005, se publicará la versión impresa del informe Visión del Mercado de Gas Natural en América del Norte (publicado en versión web en febrero de 2005). Para junio de 2006, se llevará a cabo un taller para obtener las perspectivas de los participantes del sector sobre asuntos del mercado del gas, y revisar la legislación actual y procesos de emplazamiento de cada país para grandes proyectos de gasoductos y terminales de importación de gas natural licuado. Para junio de 2007, se llevará a cabo el lanzamiento de un sitio web que permitirá publicar cambios en materia de regulación, rectificar información relacionada con la industria, así como facilitar comentarios interactivos por parte de los participantes del sector sobre diversos temas y necesidades.
Ampliar la colaboración nuclear.	Los tres países se beneficiarán de compartir información y mejores prácticas sobre diversos temas asociados con la aplicación de tecnología nuclear y el uso y producción seguros de la energía nuclear.	Para diciembre de 2005, se establecerá y llevará a cabo la primera reunión del grupo de expertos en energía nuclear bajo la estructura existente de funcionarios del Grupo de Trabajo de Energía para América del Norte (GTEAN). Para junio de 2006, se establecerá un plan de trabajo. Para junio de 2007, se explorará y acordará una segunda ronda de iniciativas.

Energía: Creando una economía energéticamente sustentable para América del Norte

INICIATIVA	BENEFICIO PARA AMÉRICA DEL NORTE	EVENTOS DETERMINANTES
Ampliar la cooperación en materia de hidrocarburos.	Este esfuerzo facilitará el intercambio de puntos de vista, experiencias, información y mejores prácticas en el sector hidrocarburos, a fin de fortalecer la colaboración en América del Norte en materia de hidrocarburos.	En junio de 2006, se celebrarán talleres sobre estos temas.
Mejorar la transparencia y coordinación de la información energética, estadísticas y prospectiva.	Mejorar la información sobre el comercio energético trilateral apoyará la toma de decisiones en los gobiernos e industrias de América del Norte.	En enero de 2006, se publicará una versión actualizada, revisada y traducida de "El Perfil Energético de América del Norte", originalmente desarrollado de manera trilateral en 2002. Para junio de 2007, se llevarán a cabo esfuerzos conjuntos de modelación.

Medio Ambiente

Medio Ambiente

Iniciativa	Beneficio para América del Norte	Eventos Determinantes
AIRE LIMPIO		
Reducir el contenido de azufre en los combustibles.	Reducir las emisiones de azufre permitirá que se mejore la calidad del aire y por tanto la salud de los ciudadanos de América del Norte.	Para marzo del 2006, se incrementará la oferta interna de combustibles con bajo contenido de azufre en México, a través de una inversión importante de México, apoyado por asistencia técnica y creación de capacidades por parte de Estados Unidos y Canadá.
Atender la contaminación del aire por embarcaciones.	Una mejor información es el primer paso para fortalecer nuestros esfuerzos en la reducción de la contaminación por embarcaciones.	Para marzo del 2006 comenzar a atender la contaminación del aire por embarcaciones, a través de la integración de datos de manera coordinada, el desarrollo de un inventario de emisiones marinas y la modelación de la calidad del aire.
Reporte sobre la calidad del aire en América del Norte.	Realizar reportes sobre la calidad del aire fomentará el conocimiento del público sobre temas ambientales.	Para marzo del 2006, desarrollar métodos para llevar a cabo reportes sobre la calidad del aire en América del Norte.
AGUA LIMPIA		
Revisión conjunta entre Estados Unidos y Canadá del Acuerdo para la Calidad de las Aguas de los Grandes Lagos.	La revisión es una oportunidad para asegurar que el Acuerdo continúa siendo una declaración visionaria que guíe no solo a los gobiernos, sino también a los miembros de la comunidad de los Grandes Lagos, en la protección y restauración continua de los Grandes Lagos.	Para marzo del 2006, se realizará el lanzamiento de la revisión conjunta entre Estados Unidos y Canadá del Acuerdo para la Calidad de las Aguas de los Grandes Lagos.

Medio Ambiente

INICIATIVA	BENEFICIO PARA AMÉRICA DEL NORTE	EVENTOS DETERMINANTES
Trabajar de manera trilateral para mejorar la calidad del agua en América del Norte.	Compartir de mejor manera la información sobre el suministro de agua para consumo humano fomentará la promoción de mejores prácticas y proporcionará mejor información para la toma de decisiones.	Para marzo del 2006, compartir de mejor manera la información sobre políticas y acciones para asegurar el suministro de agua para consumo humano, incluyendo el establecimiento de un portal de internet.

ESPECIES INVASORAS

Trabajar de manera trilateral para identificar las especies invasoras de preocupación común y desarrollar una estrategia para reducir sus impactos ambientales y económicos en nuestras naciones.	Las estrategias conjuntas para especies invasoras, reducirán la posibilidad de introducción y propagación en América del Norte.	Para marzo del 2006, se realizarán reuniones de expertos para priorizar los temas referentes a especies invasoras en América del Norte, así como para identificar las áreas de oportunidad en los mecanismos existentes que pueden ser considerados de manera trilateral para controlar mejor la propagación de especies invasoras.
Manejo de aguas de lastre.	Mejorar el manejo de aguas de lastre reducirá los costos ambientales y económicos asociados con especies acuáticas invasoras. .	Para marzo del 2006, promover estrategias para el manejo de aguas de lastre en América del Norte, demostrando nuestro compromiso colectivo para combatir especies invasoras.

Medio Ambiente

INICIATIVA	BENEFICIO PARA AMÉRICA DEL NORTE	EVENTOS DETERMINANTES
ESPECIES MIGRATORIAS Y BIODIVERSIDAD		
Anunciar esfuerzos de cooperación para conservar hábitats seguros y rutas para especies migratorias, con base en el trabajo existente en este tema.	La conservación de hábitats clave, permitirá mejorar la protección de especies migratorias en América del Norte. Mejorar la colaboración y el monitoreo de la información dará como resultado estrategias más efectivas de conservación para mamíferos marinos. La cooperación mejorará el manejo forestal.	Firmar la Declaración de Intención para la Conservación de las Aves Silvestres de América del Norte y su Hábitat. Para marzo del 2006, fortalecer la colaboración sobre el monitoreo y conservación de mamíferos marinos (ballenas grises y jorobadas) y otras especies migratorias. Para marzo del 2006, fortalecer la cooperación en el manejo sustentable de bosques, incluyendo la capacitación en la prevención de incendios forestales.
OCEANOS		
Colaborar en la planeación para el manejo de recursos marinos compartidos.	Fortalecer la colaboración para la observación de océanos, manejo y protección del hábitat, ayudará a la preservación de la integridad de nuestro medio ambiente marino compartido.	Para marzo del 2006, establecer un borrador del plan de implementación para un Sistema de Observación de Océanos para el Golfo de México y el Caribe como parte de las contribuciones al Sistema de Sistemas de Observación Global de la Tierra (GEOSS, por sus siglas en inglés). Para marzo del 2006, desarrollar opciones para avanzar en la observación del Ártico, como aportación para el Año Polar Internacional 2007-08. Para marzo del 2006, mejorar la colaboración para la implementación de enfoques basados en ecosistemas para el manejo de océanos. Para marzo del 2006, compartir de mejor manera la información y desarrollar, según proceda, estrategias para áreas protegidas complementarias, especialmente hábitats para especies migratorias y hábitats ecológicamente sensibles.

Medio Ambiente

INICIATIVA	BENEFICIO PARA AMÉRICA DEL NORTE	EVENTOS DETERMINANTES
EVALUACIÓN TRANSFRONTERIZA DEL IMPACTO AMBIENTAL		
Las Partes colaborarán para concluir un acuerdo de cooperación sobre evaluación de impacto ambiental transfronterizo para proyectos que se propondrán.	Disminuir el impacto sobre el medio ambiente de ciertos proyectos, ayudará a preservar la salud ambiental.	Para octubre del 2005, se desarrollarán los términos de referencia para definir el ámbito del plan de trabajo trilateral. Para junio de 2007, las agencias pertinentes de cada país buscarán concluir un acuerdo de cooperación sobre evaluación de impacto ambiental transfronterizo para proyectos propuestos.

Agricultura y Alimentos

Agricultura y Alimentos : Fortalecimiento de la Inocuidad Alimentaria y Facilitación del Comercio

INICIATIVA INSIGNIA	BENEFICIO PARA AMERICA DEL NORTE	EVENTOS DETERMINANTES
Establecer o identificar un mecanismo de coordinación de inocuidad alimentaria en América del Norte. Esta iniciativa incluye: - cooperación en el diseño y desarrollo de estándares comunes; - revisión de los estándares de inocuidad alimentaria existentes para, con bases científicas, identificar y evaluar las diferencias, con el propósito de eliminar, cuando sea conveniente y adecuado, las diferencias identificadas; - intercambio de información en materia de inocuidad alimentaria;	Esto mejorará la protección de la población contra peligros derivados de los alimentos a la vez que facilita el comercio y promueve la eficiencia económica.	Marzo de 2006, el grupo trilateral hará recomendaciones sobre la instrumentación de un mecanismo coordinador. Marzo de 2006, desarrollar una lista prioritaria de normas para su revisión. Septiembre de 2006, revisar y comparar las normas identificadas para determinar similitudes, diferencias y bases científicas que apoyan tales diferencias. Marzo 2007, establecer o identificar un mecanismo coordinador de la inocuidad alimentaria que facilite el desarrollo en cooperación de estándares comunes en América del Norte y la eliminación de las diferencias identificadas, cuando se considere conveniente. Marzo 2006, explorar la forma de mejorar la coordinación entre los socios del TLCAN sobre estándares del Codex y el establecimiento de estándares internacionales.

Agricultura y Alimentos : Fortalecimiento de la Inocuidad Alimentaria y Facilitación del Comercio

INICIATIVA INSIGNIA	BENEFICIO PARA AMERICA DEL NORTE	EVENTOS DETERMINANTES
Cooperación de los países para acelerar la identificación, manejo y recuperación de peligros asociados a la inocuidad alimentaria, y la sanidad animal y vegetal. Esta iniciativa incluye: - Políticas de importación/ Inspección en frontera; - Iniciativas de manejo de plagas en los vegetales, coordinadas en la Organización Norteamericana de Sanidad Vegetal (North American Plant Protection Organization - NAPPO);	Mejora la protección del consumidor de peligros relacionados con la inocuidad alimentaria, al mismo tiempo que protege de plagas y enfermedades a los recursos agrícolas y ganaderos de América del Norte. Se facilitará la recuperación de brotes o incidentes que ocurren, incluyendo reducciones en el comercio o el impacto en la economía.	Diciembre de 2005, explorar la manera de implementar la transmisión electrónica de certificados para productos cárnicos, productos avícolas, de salud animal y sanidad vegetal en forma trilateral y otros productos que se identifiquen. Septiembre de 2006, realizar un proyecto piloto en un área y en diciembre de 2006, informar sobre la viabilidad de emitir los certificados electrónicos. Marzo de 2006, desarrollar los procedimientos estandarizados acerca de la notificación y acciones de seguimiento que se tomen por los incumplimientos. Marzo de 2007, desarrollar estrategias comunes para las inspecciones fronterizas de animales vivos. Marzo de 2007, explorar la manera de establecer criterios comunes de certificación, cuando éstos son requeridos. Junio de 2006, desarrollar en América del Norte procedimientos y criterios estandarizados para el reconocimiento de zonas libres de plagas. Marzo de 2006, desarrollar una estrategia común para estandarizar las medidas regulatorias tomadas con respecto a la detección de la enfermedad *Phakopsora pachyrhizi (roña de la soya),* basado en el riesgo que representa para los estatus fitosanitarios de cada país.

Agricultura y Alimentos : Fortalecimiento de la Inocuidad Alimentaria y Facilitación del Comercio

INICIATIVA INSIGNIA	BENEFICIO PARA AMERICA DEL NORTE	EVENTOS DETERMINANTES
		Junio de 2006, completar una norma regulatoria para las importaciones de material propagativo a América del Norte.
		Junio de 2006, completar un protocolo conjunto para el movimiento comercial de agentes de control biológico.
		Diciembre de 2006, analizar la viabilidad de programas conjuntos de preliberación para embarques de productos vegetales enviados hacia América del Norte.
		Marzo de 2007, realizar auditorias/evaluaciones conjuntas de programas de certificación para algunos productos vegetales.
- Iniciativas de Salud Animal;		Junio de 2005, armonizar la estrategia de importación de América del Norte para el manejo de Encefalopatía Espongiforme Bovina (EEB).
		Marzo de 2006, revisar, explorar e informar acerca de los enfoques relativos a la vigilancia y manejo de riesgo en los alimentos de los animales, para optimizar el manejo de las Encefalopatías Espongiformes Transmisibles (EET) en el contexto de América del Norte.
		Junio de 2006, desarrollar una estrategia armonizada de manejo y mitigación de riesgo aplicable en América del Norte, incluyendo la Regionalización y zonas libres de plagas, que sea apropiado para el estatus sanitario de las enfermedades de los animales.
		Junio de 2006, modificar los protocolos existentes con el fin de aplicarlos para permitir el tránsito de productos a través

Agricultura y Alimentos : Fortalecimiento de la Inocuidad Alimentaria y Facilitación del Comercio

INICIATIVA INSIGNIA	BENEFICIO PARA AMERICA DEL NORTE	EVENTOS DETERMINANTES
		de los Estados Unidos, cuando el propio proceso de tránsito no ponga en riesgo este país. Marzo de 2007, completar las regulaciones correspondientes a cada país, para implementar la estrategia armonizada de importaciones por EEB.
- medicamentos y biológicos para uso veterinario;		Marzo 2007, revisión, evaluación y reporte sobre normas técnicas comunes para demostrar la seguridad y eficacia de productos para salud animal autorizados o con licencia (i.e. medicamentos y biológicos para uso veterinario) que pueden provocar enfermedades a los animales o zoonóticas (i.e. EEB, fiebre aftosa) o resistencia a antibióticos. Marzo 2007, informar sobre las diferencias y enfoques para la aprobación de vacunas y medicinas veterinarias y su factibilidad para una futura armonización.
- enfoques para etiquetado.		Marzo 2007, evaluación de enfoques comunes para etiquetado a través de mecanismos trilaterales, cuando sea factible y apropiado, en áreas clave como nutrición, alergenos, métodos de producción y proceso, orgánicos, país de origen, ingredientes específicos y leyendas engañosas.

Agricultura y Alimentos : Fortalecimiento de la Inocuidad Alimentaria y Facilitación del Comercio

INICIATIVA INSIGNIA	BENEFICIO PARA AMERICA DEL NORTE	EVENTOS DETERMINANTES
Trabajar para resolver las diferencias en límites máximos de residuos de plaguicidas que pueden ser barreras al comercio y llevar a cabo revisiones conjuntas para el registro de plaguicidas.	Promueve mayor uniformidad en la regulación de plaguicidas en América del Norte. Mejora la protección a la población a la vez que facilita el comercio y la eficiencia económica.	Septiembre 2005, terminar la recolección de datos de actividades para productos para control de plagas que cumplan con las necesidades de productores de "cultivos menores". (Nota: cultivos menores incluyen la mayoría de las frutas, nueces y vegetales). Para diciembre de 2005, seleccionar productos para control de plagas para su revisión conjunta por los gobiernos y público interesado y para marzo de 2006, terminar las revisiones conjuntas para aprobación simultánea de los productos seleccionados. Diciembre 2005, desarrollar una estrategia a largo plazo para la reducción de irritantes y riesgos al comercio para lentejas y solución de asuntos de comercio prioritarios específicos identificados por el público interesado. Diciembre 2006, publicar evaluaciones de riesgo finales basadas en una re-evaluación extensa de conservadores de madera de uso pesado. Septiembre 2006, terminar la revisión de cuatro a seis químicos convencionales.

Agricultura y Alimentos : Mejorar la Coordinación de Laboratorios

INICIATIVA INSIGNIA	BENEFICIO PARA AMÉRICA DEL NORTE	EVENTOS DETERMINANTES
Mejorar la capacidad a través del fortalecimiento en la especialización y tecnología, trabajando en cooperación dentro de la Red de Laboratorios de Enfermedades Exóticas de América del Norte, para identificar las metodologías y reconocer equivalencias de la efectividad de los diagnósticos y técnicas de identificación para las enfermedades más importantes de los animales, tales como EEB e influenza aviar.	Fortalece la habilidad de los laboratorios para apoyar las medidas preventivas y responder ante las enfermedades de los animales en América del Norte, incluyendo aquellas que representan una amenaza para la salud pública.	Junio de 2005, ubicar programas para identificar las metodologías de reconocimiento de diagnósticos equivalentes en efectividad, para las enfermedades más importantes tales como la EEB e influenza aviar.\n\nMarzo de 2007, Priorizar, evaluar y reconocer las metodologías y capacidades para ciertas enfermedades de los animales.
Mejorar la capacidad a través del fortalecimiento en la especialización y tecnología mediante el establecimiento de una red de laboratorios de sanidad vegetal, para identificar las metodologías equivalentes de detección, identificación, vigilancia y análisis de riesgo de plagas y enfermedades de los vegetales.	Fortalece la capacidad de los laboratorios para apoyar las medidas de prevención y responder a las plagas y enfermedades de los vegetales que representen un riesgo para las y las actividades económicas asociadas con la producción agrícola y forestal en América del Norte.	Marzo de 2006, establecer un grupo de trabajo de laboratorios en materia de sanidad vegetal, similar a la Red de América del Norte de Laboratorios de Salud Animal existente.\n\nMarzo de 2009, reconocimiento de equivalencia de las metodologías de diagnóstico para la detección, identificación, vigilancia y análisis de riesgo de las plagas y enfermedades seleccionadas.

Agricultura y Alimentos : Mejorar la Coordinación de Laboratorios

INICIATIVA INSIGNIA	BENEFICIO PARA AMÉRICA DEL NORTE	EVENTOS DETERMINANTES
Identificar el grupo/vehículo apropiado para facilitar la instrumentación de iniciativas para laboratorios de análisis para inocuidad alimentaria. Esta iniciativa incluye: - evaluar y reconocer la equivalencia, cuando sea apropiado, de métodos analíticos utilizando criterios acordados de desempeño de métodos; - mejorar el aseguramiento de la calidad en áreas prioritarias de inocuidad alimentaria; - construir confianza a través de la participación trilateral en cursos de capacitación e intercambio de información así como participación en pruebas de capacidad.	Mejora la capacidad de los laboratorios para apoyar las medidas tomadas para proteger a la población de peligros por inocuidad alimentaria.	Enero 2006, establecer un grupo de tarea para identificar foros trilaterales existentes para cooperación de laboratorios, asegurando que todas las autoridades reguladoras apropiadas estén incluidas. Marzo 2006, identificar o establecer el grupo/vehículo apropiado. Enero 2007, determinar criterios de desempeño para evaluar métodos analíticos. Diciembre 2007, identificar áreas de interés común para evaluar equivalencia. Marzo 2008, iniciar la evaluación de métodos analíticos. Diciembre 2008, identificar la equivalencia de métodos analíticos seleccionados. Marzo 2006, compartir procedimientos y prácticas de aseguramiento y control de calidad en el laboratorio. Marzo 2007, intercambiar información sobre los programas de evaluación de capacidades en los que participe cada país e identificar vacíos en los que no haya programas disponibles. Enero 2006, participar en los cursos de la Red de Respuesta a Emergencias Alimentarias (FERN) de microbiología y química. Marzo 2006, los tres países participarán en cursos ofrecidos por Canadá y México en materia de procedimientos generales de laboratorio.

Agricultura y Alimentación: Incremento en la Cooperación en Regulación de la Biotecnología Agrícola

INICIATIVA INSIGNIA	BENEFICIO PARA AMÉRICA DEL NORTE	EVENTOS DETERMINANTES
Continuar el apoyo a los esfuerzos cooperativos en el marco de la Iniciativa de Biotecnología de América del Norte para el inicio, coordinación y establecimiento de prioridades de las diversas actividades de biotecnología. Incluyendo las siguientes iniciativas: - Trabajar hacia el desarrollo de enfoques comunes para establecer políticas de regulación relativas a los productos de la biotecnología; - Cooperar y compartir información sobre actividades internacionales en biotecnología.	Promueve una mayor consistencia en la regulación de productos de la biotecnología. Mejora la inocuidad alimentaria al mismo tiempo que facilita el comercio y la actividad económica.	Marzo del 2006, incrementar el actual intercambio técnico regulatorio entre Canadá y los Estados Unidos para incluir a los responsables de la regulación en México y formalizar el intercambio trilateral de expertos. Marzo del 2006, establecer talleres de capacitación en México para evaluadores de riesgos. Marzo del 2007, formalizar conferencias telefónicas de la Iniciativa de Biotecnología de América del Norte (NABI), conforme se requieran, para abordar aspectos de biotecnología en organizaciones internacionales, tales como el Mecanismo de Cooperación Económica Asia – Pacífico (APEC), Comisión del Códex Alimentarius, Organización para la Cooperación y el Desarrollo Económico (OCDE), y la Convención de Diversidad Biológica.

Salud

Salud: Conclusión de Protocolos para Asistencia y Apoyo Mutuos en una Emergencia a Ambos Lados de las Fronteras

INICIATIVA	BENEFICIO PARA AMÉRICA DEL NORTE	EVENTOS DETERMINANTES
Preparar y firmar protocolos entre Canadá y Estados Unidos y entre Estados Unidos y México para asistencia y apoyo mutuos en un caso de emergencia en salud pública a ambos lados de las fronteras.*	El establecimiento de protocolos en esta área permitirá un flujo transparente y eficiente de recursos a través de nuestras fronteras durante un caso de emergencia en salud. El intercambio de funcionarios de enlace y listas de contactos para casos de emergencia permitirá compartir información oportuna y rápida ayudando a mantener la confianza mutua durante una emergencia. La puesta en marcha de los protocolos y los esfuerzos para abordar impedimentos legales tales como los requisitos de licencias para el movimiento de recursos humanos a través de las fronteras, ayudarán a mejorar la coordinación identificando lagunas y experiencias, y acelerando el flujo de profesionales médicos durante una emergencia. La conclusión de estas iniciativas dará como resultado un flujo más uniforme, eficiente y rápido de información crítica durante una emergencia.	Establecer, para marzo de 2006, un grupo de trabajo para identificar aspectos legales y de responsabilidad referentes a la reciprocidad, que deben resolverse antes del intercambio de personal y suministros médicos durante una emergencia. Para marzo de 2006 Canadá y Estados Unidos intercambiarán funcionarios de enlace, de tiempo completo entre sus agencias nacionales de salud pública y compartirán listas de contactos para casos de emergencia. En este contexto, México también establecerá mecanismos para el intercambio de funcionarios de enlace con Canadá y Estados Unidos. Llevar a cabo, hacia marzo de 2006, ejercicios para poner a prueba los protocolos de comunicaciones de emergencia que deberán funcionar las 24 horas del día, los 7 días de la semana, y los 365 días del año. Evaluar y poner en marcha, para junio de 2006, planes para la atención de grandes números de víctimas en ambos lados de las fronteras y crear un portal sobre la reciprocidad en el otorgamiento de licencias médicas. Desarrollar y firmar, para junio de 2006, convenios bilaterales para compartir información sobre la ejecución de actividades y manejo de emergencias.

Salud: Una América del Norte Más Sana

Iniciativa	Beneficio para América del Norte	Eventos Determinantes
Desarrollar un plan de América del Norte para combatir las pandemias de influenza.*	La amenaza de una pandemia de influenza requiere de planificación y preparación de los tres gobiernos en colaboración estrecha. La reacción y respuesta a una pandemia requieren de cooperación y coordinación, tanto a nivel nacional como internacional, para ayudar a minimizar el impacto a la salud, así como los efectos potenciales en la salud de la sociedad, en la economía y en el sistema de salud dentro de un país afectado.	Elaborar y concluir, para el año 2006, un plan de América del Norte para combatir las pandemias de influenza. Durante los próximos 12 meses, explorar la viabilidad de establecer una agenda coordinada de investigación sobre influenza que incluya la evaluación de programas de vacunación contra la influenza y, el rastreo y actualización del inventario global de proyectos de investigación clínica sobre vacunas contra la influenza pandémica.

Salud: Una América del Norte Más Sana

INICIATIVA	BENEFICIO PARA AMÉRICA DEL NORTE	EVENTOS DETERMINANTES
Fortalecer la Iniciativa Global de Seguridad en Salud (GHSI, por sus siglas en inglés).*	Mediante la colaboración y a través de foros como la GHSI, nuestros países pueden ayudar a prepararse y responder mejor ante una pandemia de influenza. A través de foros multilaterales existentes sobre aspectos de seguridad en salud, lograremos mayor interoperabilidad y armonía en nuestra capacidad de respuesta ante actos de bioterrorismo y emergencias de salud pública. El desarrollo y la evaluación de enfoques estratégicos para el uso de vacunas y medicamentos antivirales ayudarán a controlar y/o hacer más lenta la evolución de brotes de influenza aviaria en los humanos. La armonización de cuarentenas y enfoques de medicina para viajeros reducirá las discrepancias en las respuestas nacionales y facilitará tanto el control de enfermedades como las comunicaciones públicas. Por otra parte, la armonización de políticas sobre capacidad de respuesta ante el bioterrorismo minimizará cualquier discrepancia en los enfoques nacionales y asegurará lineamientos comunes en América del Norte. Al tener la capacidad de reaccionar ante un brote de viruela en cualquier parte de América del Norte, los ciudadanos estarán protegidos como parte de una comunidad global.	Durante los próximos 9 meses, deberán usarse y aprovecharse las pláticas de otros foros (e.g. la GHSI, la Organización Mundial de la Salud) para mejorar la capacidad de respuesta de Canadá y Estados Unidos para enfrentar pandemias (e.g. desarrollar y evaluar enfoques estratégicos para emplear vacunas y medicamentos antivirales). Continuar llevando a cabo ejercicios para combatir la influenza pandémica. Para marzo de 2006, compartir información y desarrollar planes comunes para cuarentenas, viajes y aislamiento durante un brote transfronterizo de enfermedades infecciosas. Para junio de 2006, planear y poner a prueba infraestructura de 24 horas, los 7 días de la semana y los 365 días del año, para la notificación y alerta temprana de casos y, poner en marcha planes para el control y la contención de enfermedades infecciosas. Para junio de 2007, celebrar talleres sobre los siguientes temas: - Peste y Tularemia - Detección de Agentes de Bioterrorismo en el Medio Ambiente - Viruela de Fase II - Vigilancia para la Alerta Temprana de Enfermedades Infecciosas.

Salud: Una América del Norte Más Sana

INICIATIVA	BENEFICIO PARA AMÉRICA DEL NORTE	EVENTOS DETERMINANTES
		Adoptar, para marzo de 2006, posturas comunes sobre guías con respecto al transporte internacional de materiales de diagnóstico y muestras. Concluir, hacia junio de 2006, un marco operacional para el manejo y puesta en marcha de una reserva global de vacunas contra la viruela (a través del Comité Ad Hoc de Expertos Orthopox de la Organización Mundial de la Salud).
Compartir información y lecciones aprendidas en actividades de acumulación de inventarios.*	Al ayudar a México en el desarrollo de inventarios de bajo costo para satisfacer las necesidades nacionales específicas, se mejorará la capacidad de respuesta para enfrentar emergencias en América del Norte.	Para marzo de 2006, proporcionar asistencia técnica a México a medida que acumule sus reservas. Concluir, dentro de los próximos 9 meses y en adelante, sobre una base continua, evaluaciones conjuntas de Canadá y Estados Unidos y de México y Estados Unidos sobe las acumulaciones de inventarios de vacunas y antídotos.

Salud: Una América del Norte Más Sana

INICIATIVA	BENEFICIO PARA AMÉRICA DEL NORTE	EVENTOS DETERMINANTES
Coordinar la vigilancia y actividades de laboratorio.*	Nuestros esfuerzos por coordinar la vigilancia y actividades de laboratorio ayudarán a garantizar que la información y datos se compartan de manera eficiente y rápida a costos relativamente bajos, lo cual redundará en un enorme beneficio para la ciencia y la toma de decisiones en Canadá, México y Estados Unidos. El contar con mayor información ayudará a acelerar los avances científicos conduciendo, a la larga, a mejores políticas, programas y respuestas ante eventos y casos de enfermedades infecciosas. En lugar de reaccionar ante eventos adversos, estas iniciativas abordan de manera proactiva los retos referentes a la tecnología y sus aplicaciones. Nuestros esfuerzos por mejorar los programas de capacitación basados en el Internet, en materia de bioseguridad en laboratorios sobre materiales Químicos, Biológicos, Radiológicos Nucleares (CBRN, por sus siglas en inglés), permitirá el desarrollo de habilidades en un mayor número de personas en menor tiempo. El mayor control de patógenos peligrosos reducirá el riesgo de su adquisición y uso intencionales.	Hacia marzo de 2006, finalizar el Memorandum de Entendimiento entre Estados Unidos y Canadá relativo al intercambio de datos para la vigilancia desde el laboratorio de enfermedades infecciosas y patógenos (PulseNet: un sistema de vigilancia de las enfermedades infecciosas, con base en estudios de laboratorio). En el transcurso de los próximos 9 a 24 meses, mejorar los sistemas de vigilancia de enfermedades infecciosas, así como los sistemas de capacitación y respuesta de Canadá, México y Estados Unidos. - Desarrollar, evaluar y delinear una plataforma y sistema de capacitación basados en el Internet, sobre materiales químicos, biológicos y radiológicos nucleares; - Analizar la viabilidad de un sistema de rastreo y control de patógenos humanos peligrosos para monitorear el movimiento de estos agentes dentro de América del Norte; - Explorar mecanismos y protocolos con miras a crear un sistema transfronterizo e interoperable de vigilancia y alerta temprana de enfermedades infecciosas, - Colaborar y desarrollar protocolos y procedimientos con los laboratorios existentes de la Red de Respuestas de Laboratorios (Laboratory Response Network o LRN, por sus siglas en inglés).

Salud: Una América del Norte Más Sana

Iniciativa	Beneficio para América del Norte	Eventos Determinantes
		Proporcionar apoyo continuo a México durante los próximos 36 meses, con el objeto de: - Que se convierta en miembro de la LRN; - Proporcionar capacitación en materia de bioseguridad y laboratorios para el personal que maneja enfermedades infecciosas: - Crear mayor capacidad de red de laboratorios.
Desarrollar mapeos basados en el Internet sobre las actividades del virus del Nilo Occidental en Canadá y Estados Unidos.*	Localizar, vigilar y aprender más sobre el virus del Nilo Occidental ayudará a Canadá y Estados Unidos a proteger mejor la salud y seguridad de su gente a través de mejores políticas y programas que protejan a residentes y visitantes en ambos países. Los beneficios y lecciones de este valioso esfuerzo binacional podrán transferirse a otros proyectos que contribuyan a la calidad de vida, prosperidad y seguridad de América del Norte, a largo plazo.	Para junio de 2007, desarrollar y concluir el sistema de mapeo Canadá-Estados Unidos.

Salud: Una América del Norte Más Sana

INICIATIVA	BENEFICIO PARA AMÉRICA DEL NORTE	EVENTOS DETERMINANTES
Extender los esfuerzos por prevenir el abuso del alcohol y el suicidio entre los indígenas e incrementar la investigación y el intercambio de conocimientos sobre pueblos indígenas.	La incidencia del abuso del alcohol y el suicidio entre los pueblos indígenas de América del Norte es significativamente mayor que entre la población no indígena. Nuestros esfuerzos crecientes para la prevención de dichos problemas de salud ayudarán a mejorar la calidad de vida de los pueblos y comunidades indígenas. El estado de salud de los pueblos indígenas en América del Norte se encuentra rezagado respecto del de la población no indígena. Los conocimientos y experiencias compartidos entre socios de América del Norte sobre aspectos de salud de los pueblos indígenas y las acciones correspondientes, ayudarán a abordar temas clave y a mejorar la calidad de vida de los pueblos indígenas en toda la región. A la larga, pueblos y comunidades indígenas más sanos podrán participar de manera más plena de la vida social, económica y cultural de América del Norte.	Para junio de 2006, desarrollar y lanzar una página de internet Canadá-Estados Unidos sobre la Prevención de Suicidios y el Trastorno Fetal por el Espectro Alcohólico (FASD, por sus siglas en inglés). Durante los próximos 36 meses, Canadá y Estados Unidos colaborarán en un taller sobre abuso de sustancias, convocando a una mesa redonda internacional sobre la prevención de suicidios y presentarán los hallazgos y resultados más importantes. Hacia junio de 2007, Canadá y Estados Unidos: - Concluirán un viaje de estudio sobre los sistemas de salud de las poblaciones indígenas; - Intercambiarán información sobre enfoques para el suministro de servicios de salud; - Identificarán proyectos de investigación conjunta e iniciarán una convocatoria para pedir propuestas. En el transcurso de los próximos 24 meses, y dentro del marco de su Carta de Intención de 2004, Canadá y México identificarán prioridades conjuntas, organizarán talleres/seminarios y firmarán un plan de acción para crear mayor colaboración sobre aspectos de salud de los pueblos indígenas.

Salud: Una América del Norte Más Sana

INICIATIVA	BENEFICIO PARA AMÉRICA DEL NORTE	EVENTOS DETERMINANTES
		Por su parte, en el transcurso de los próximos 36 meses, Estados Unidos y México colaborarán en el desarrollo de talleres, información compartida y proyectos de investigación referentes a la diabetes Tipo 2 y su relación con las poblaciones indígenas.
Identificación y adopción apropiada de las mejores prácticas en el mantenimiento de la seguridad, eficacia y calidad de los productos farmaceuticos.	La puesta en marcha de las mejores prácticas y la armonización de criterios técnicos para el registro de productos farmacéuticos promueve la eficiencia normativa y su predictibilidad. Estas actividades también ofrecen un uso más económico de los recursos para el desarrollo de productos y la eliminación de demoras innecesarias en el desarrollo y disponibilidad de nuevos medicamentos, manteniendo o mejorando, al mismo tiempo, mayores niveles de calidad para los productos farmacéuticos.	Evaluar las mejores prácticas relacionadas con los procesos de revisión de los productos farmacéuticos. Dentro de los próximos 36 meses, examinar el uso de las guías de la Conferencia Internacional de Armonización (ICH, por sus siglas en inglés) y adoptar las mejores prácticas para mantener la seguridad, eficacia y calidad de los medicamentos.
Establecer un mecanismo para América del Norte que facilite el intercambio de información sobre la seguridad de productos farmacéuticos a fin de proteger y mejorar la salud pública de América del Norte.	Este mecanismo facilitará el intercambio rápido de información entre las autoridades reguladoras sobre productos farmacéuticos que puedan representar un riesgo a la salud humana y permitirá mejorar nuestra capacidad para llevar a cabo acciones coordinadas encaminadas a proteger la salud pública en América del Norte.	Los procedimientos de intercambio de información estarán instrumentados en 24 meses.

* Esto también forma parte del Programa y Plan de Acción de Seguridad (en el rubro de Bioprotección).

SEGURIDAD

PROTECCIÓN DE AMÉRICA DEL NORTE CONTRA AMENAZAS EXTERNAS

Seguridad de Viajeros
Seguridad de Carga
Bioprotección

Seguridad de Viajeros

Seguridad de Viajeros: Desarrollar e instrumentar resultados análogos con procesos compatibles para la inspección antes de la salida de un puerto extranjero y en el primer puerto de entrada a América del Norte

INICIATIVA	CÓMO BENEFICIA A AMÉRICA DEL NORTE	EVENTOS DETERMINATES
Desarrollar e instrumentar estándares biométricos equivalentes y sistemas para mejorar la seguridad para pasaportes, visas, tarjetas de residencia permanentes, credenciales de transporte y otros documentos fronterizos.	Estamos comprometidos a impedir el ingreso a América del Norte de viajeros que representen una amenaza criminal o de seguridad. Por medio de tecnología biométrica, nuestros gobiernos podrán agilizar con mayor seguridad el flujo de viajeros con destino a América del Norte. La biometría permitirá a nuestros gobiernos expedir a los ciudadanos y residentes pasaportes y otros documentos de viaje que sean altamente resistentes al fraude o a la falsificación y cumplan con requerimientos relevantes para viajar dentro y hacia América del Norte. Esto protegerá en mejor medida las identidades de los ciudadanos de la región de América del Norte de robos o malos usos.	En un período de 12 meses, probar tecnología y desarrollar recomendaciones para mejorar el uso de biométricos en la inspección de viajeros con destino a América del Norte, con la intención de desarrollar sistemas biométricos fronterizos y de inmigración compatibles. Desarrollar estándares de seguridad mínimos para documentos de estatus migratorio y de nacionalidad que faciliten viajes transfronterizos; buscar alcanzar una producción óptima para antes del 1 de enero de 2008. Con la intención de obtener estándares compatibles en todos los programas de transporte relevantes, desarrollar, dentro de un período de 36 meses, una estrategia para coordinar la revisión de antecedentes, reconocimiento de credenciales y estándares de seguridad de documentos. Dentro de un período de 36 meses, diseñar un programa único e integrado de inscripción global para viajeros de confianza de América del Norte (p. Ej. NEXUS, FAST, SENTRI) para el viaje por aire, tierra y mar. En un margen de 18 meses, negociar un acuerdo Canadá-EE.UU. de intercambio de información de visas.

Seguridad de Viajeros: Desarrollar e instrumentar resultados análogos con procesos compatibles para la inspección antes de la salida de un puerto extranjero y en el primer puerto de entrada a América del Norte

INICIATIVA	CÓMÓ BENEFICIA A AMÉRICA DEL NORTE	EVENTOS DETERMINATES
Desarrollar e instrumentar medidas de seguridad migratoria compatibles para mejorar la seguridad de América del Norte, incluyendo requerimientos para admisión y tiempo de estancia; estándares de política de visados; estándares de vigilancia; y examinar la factibilidad de sistemas de procedimientos de entrada y salida.	Un proceso de visado compatible, incluyendo la convergencia de nuestros programas de viaje que no requieren visa, es una herramienta importante para la inspección de viajeros antes de su embarque hacia América del Norte. Sintetizaremos la información y orientaremos el análisis en la toma de decisiones de viajes exentos de visa a América del Norte. La coordinación de esfuerzos bilaterales detectará y desmembrará orientaciones migratorias ilegales en sus países de origen y de transito en el extranjero.	En 9 meses, desarrollar marcos de referencia relacionados con procedimientos y políticas para el proceso de visado de visitantes, incluyendo monitoreo de seguridad, validación de visas, y duración de estancia. Dirigir e institucionalizar consultas entre oficiales de seguridad consular y de visas de Canadá, EE.UU. y México dentro de 9 meses. Coordinar el despliegue de oficiales de Canadá y EE.UU. en el extranjero para mejorar esfuerzos para el combate de orientaciones de migración ilegal destinados a América del Norte, en 21 meses. Desarrollar un mecanismo recíproco para intercambiar información sobre los programas de monitoreo de viajeros sin visa de los tres países, en un plazo de 12 meses.

Seguridad de Viajeros: Desarrollar e instrumentar resultados análogos con procesos compatibles para la inspección antes de la salida de un puerto extranjero y en el primer puerto de entrada a América del Norte

INICIATIVA	CÓMO BENEFICIA A AMÉRICA DEL NORTE	EVENTOS DETERMINATES
Trabajar para asegurar la compatibilidad de los sistemas de intercambio de información en viajeros de alto riesgo y examinar la factibilidad de un programa de intercambio de información en tiempo real de viajeros de alto riesgo, para proveer información en decisiones de administración de riesgos en viajeros destinados hacia o transitando por América del Norte.	En sociedad con la industria del transporte, estamos trabajando para identificar y monitorear viajeros de alto riesgo volando hacia y desde América del Norte.	Finalizar protocolos e instrumentación de intercambio de información de viajeros de alto riesgo, usando sistemas de información avanzada de viajeros dentro de 12 meses. Canadá y Estados Unidos explorarán la factibilidad de un proceso, dentro de 12 meses, que pueda hacer decisiones de administración de riesgos (a bordo / no a bordo) de viajeros con destino o transitando a través de América del Norte. Desarrollar en los siguientes 9 meses un criterio compatible para el anuncio de avisos de terroristas y criminales sospechosos.

Seguridad de Carga

Seguridad de Carga: Desarrollar e instrumentar métodos de inspección compatibles para bienes y carga, previo a su partida de un puerto extranjero y en el primer puerto de entrada a América del Norte

Iniciativa	Beneficio para América del Norte	Eventos Determinantes
Desarrollar y expandir los vínculos entre nuestros actores relevantes para asegurar la cadena de abastecimiento de bienes que arriban a América del Norte, y acelerar el movimiento de bienes de bajo riesgo dentro de América del Norte.	Nuestra cadena de abastecimiento estará mas segura al equilibrar las habilidades y recursos del sector privado, mientras concurrentemente se agiliza el movimiento de bienes de bajo riesgo.	Fijar objetivos para incrementar el porcentaje de cargamentos FAST / Express en aquellos puntos de entrada de FAST / Express, previamente acordados, incluidas actividades de mercadeo conjuntas dentro de 12 meses y anualmente después de esa fecha. Hacer requerimientos compatibles Canadá-EE.UU. para participar en la Alianza de Aduanas-Comercio Contra el Terrorismo (C-TPAT) y Alianza en Protección (PIP), dentro de 36 meses.

Seguridad de Carga: Desarrollar e instrumentar métodos de inspección compatibles para bienes y carga, previo a su partida de un puerto extranjero y en el primer puerto de entrada a América del Norte

INICIATIVA	BENEFICIO PARA AMÉRICA DEL NORTE	EVENTOS DETERMINANTES
Desarrollar estándares compatibles, tecnologías, y procesos para la seguridad de cadenas de abastecimiento intermodales que enfaticen la administración de riesgos, un acercamiento a la seguridad de la cadena de abastecimiento y el movimiento expedito de comercio de bajo riesgo.	Trabajando juntos, incrementaremos la efectividad del monitoreo de bienes que entran a América del Norte, por medio de un amplio rango de iniciativas que permitan detectar de mejor manera cargamentos de alto riesgo al tiempo de acelerar otros cargamentos.	Evaluar dentro de 6 meses y buscar la expansión dentro de 18 meses del uso del *E-manifest*. En un periodo de 18 meses, desarrollar recomendaciones para regimenes compatibles de detecciones de riesgos e inspección para carga que arribe por aire, tierra y mar. Dentro de 6 meses, iniciar un programa de 5 años entre Canadá y Estados Unidos para trabajar hacia una armonización de sistemas de información comercial automatizados, incluyendo reportes interdepartamentales avanzados y el concepto de "ventanilla única" para otros departamentos de gobierno y requerimientos de agencias. Desarrollar e instrumentar una iniciativa de carga EE.UU.-México que incluya la instrumentación de la regla de 24 horas, intercambio de información del manifiesto de carga, y detecciones de seguridad conjuntas. Desarrollar vínculos apropiados, incluyendo intercambio de oficiales entre agencias aduanales canadienses, mexicanas y estadounidenses, para asegurar el análisis de información de carga y el intercambio apropiado de información sobre cargamentos de alto riesgo. Dentro de 18 meses de su adopción, promover la implementación del Marco de Trabajo de la Organización Mundial de Aduanas (WCO) de Estándares para Asegurar y Facilitar el Intercambio Global, por medio de la creación de capacidad instalada y asistencia técnica para administraciones de aduanas menos desarrolladas.

Seguridad de Carga: Desarrollar e instrumentar métodos de inspección compatibles para bienes y carga, previo a su partida de un puerto extranjero y en el primer puerto de entrada a América del Norte

INICIATIVA	BENEFICIO PARA AMÉRICA DEL NORTE	EVENTOS DETERMINANTES
Asegurar sistemas compatibles de control de exportaciones nacionales e internacionales y asegurar que los países de América del Norte no sean usados para desviar bienes o tecnologías sensibles estadounidenses, canadienses o mexicanas a países designados prohibidos por acuerdo mutuo.	Estamos comprometidos a prevenir que tecnología y bienes sensibles caigan en manos equivocadas y estamos dirigiendo esfuerzos para la aplicación de las leyes existentes, mientras que, al mismo tiempo, apoyen el comercio seguro y vigoroso.	Dentro de 12 meses, Establecer un mecanismo formal para el dialogo en el uso de temas de control de exportaciones duales, incluyendo estándares de control de exportaciones. Dentro de 12 meses, Desarrollar un plan que permita mejorar la respuesta y expansión del control de exportaciones. Dentro de 21 meses, valorar opciones para hacer controles de exportación más compatibles entre Canadá y Estados Unidos, incluyendo temas de transcargas fraudulentas o desviaciones ilegales de bienes "controlados". Estados Unidos y México desarrollaran e instrumentarán un sistema, dentro de 9 meses, que identifique bienes por medio de sus mecanismos para el intercambio / revisión de información en cargamentos con destino al norte y al sur.
Desarrollar y poner en marcha un plan para controlar la importación y exportación de materiales nucleares y radioactivos, consistente con los lineamientos de fuentes radioactivas de la IAEA.	Protegiendo residentes Norteamericanos del mal uso de materiales nucleares y radiológicos de alto riesgo es importante para los tres gobiernos. Juntos estamos trabajando para mejorar el control del movimiento de estos materiales de alto riesgo en, a través de, y fuera de América del Norte.	Instrumentar controles de exportación / importación de fuentes radioactivas, incluida una notificación sobre transferencias transfronterizas, que garantice que estos materiales son usados para fines de paz únicamente (Canadá y Estados Unidos implementarán esta acción conforme a sus compromisos dentro del marco del G-8). Dentro de los próximos 36 meses, completar la instalación de equipos de detección de radiación en los principales puertos comerciales y puertos de entrada de pasajeros a América del Norte, para prevenir el trafico de materiales nucleares / radiológicos.

Bioprotección

Bioprotección: Desarrollar e instrumentar una estrategia regional de bio-protección, para evaluar, prevenir, proteger, detectar y responder a amenazas, tanto naturales como intencionales, a la salud pública y al sistema alimentario y agrícola

INICIATIVA	CÓMÓ BENEFICIA A AMÉRICA DEL NORTE	EVENTOS DETERMINATES
Realizar una evaluación conjunta sobre amenazas y vulnerabilidades, así como ejercicios conjuntos dentro de los sistemas de Salud Pública y de alimentación y agricultura.	Con la finalidad de proteger mejor a nuestros ciudadanos contra amenazas a nuestros sistemas de salud pública, alimentos y agricultura, debemos identificar las vulnerabilidades de estos sistemas.	En un plazo de 30 meses, se compartirá la metodología de análisis de las amenazas y vulnerabilidades a los sistemas de alimentación y agricultura, al igual que información global sobre dichos sistemas, y se llevarán a cabo evaluaciones conjuntas en áreas donde persistan brechas que requieran acción conjunta.

Mediante ejercicios y evaluaciones continuas, instrumentar, en un plazo de 18 meses, los Planes de Continuidad de Operaciones para controlar y contener enfermedades contagiosas. |

Bioprotección: Desarrollar e instrumentar una estrategia regional de bio-protección, para evaluar, prevenir, proteger, detectar y responder a amenazas, tanto naturales como intencionales, a la salud pública y al sistema alimentario y agrícola

INICIATIVA	CÓMÓ BENEFICIA A AMÉRICA DEL NORTE	EVENTOS DETERMINATES
Elaborar y ratificar los protocolos para la asistencia y apoyo mutuo en casos de emergencias fronterizas.	La asistencia mutua en emergencias transfronterizas de salud pública ampliará el impacto de la aplicación de nuestros recursos fronterizos para proteger a nuestra población en tiempo y forma.	Redactar y firmar protocolos de ayuda mutua en un plazo de 24 meses, para maximizar nuestras habilidades para responder a emergencias transfronterizas de salud pública, a través de un marco para el despliegue ordenado de asistencia en caso de emergencia. Compartir planes, en un plazo de 9 meses, sobre aislamiento y cuarentena en el caso de un supuesto brote de una enfermedad infecciosa, de manera transfronteriza. En un plazo de 12 meses, examinar la viabilidad de instalar un sistema de localización y control para monitorear el movimiento de agentes patógenos humanos peligrosos en América del Norte. En un plazo de 9 meses, adoptar una posición común para atender las demandas de las organizaciones internacionales de transporte, con relación a materiales y muestras de diagnóstico.
Compartir estrategias para el almacenamiento y distribución de contramedidas humana y animal.	Estaremos mejor preparados para proveer e nuestros ciudadanos de las vacunas y antídotos que puedan necesitar.	En un plazo de 6 meses, completar la evaluación de la cantidad de dosis de vacunas animales que los tres países deberán tener en reserva. Trabajar conjuntamente en foros multilatrales de salud para finalizar los marcos de trabajo y la construcción de reservas globales de *small pox vaccine*, en un plazo de 9 meses.

Bioprotección: Desarrollar e instrumentar una estrategia regional de bio-protección, para evaluar, prevenir, proteger, detectar y responder a amenazas, tanto naturales como intencionales, a la salud pública y al sistema alimentario y agrícola

INICIATIVA	CÓMO BENEFICIA A AMÉRICA DEL NORTE	EVENTOS DETERMINATES
Trabajar de manera coordinada para instrumentar un régimen que identifique, evalúe y mitigue el riesgo de amenazas internacionales hacia nuestros animales, plantas y productos alimenticios hacia y en América del Norte.	El desarrollo de una estrategia coordinada para mitigar amenazas a los sectores animal, vegetal y alimenticio aumentará la seguridad y confianza hacia nuestras provisiones alimenticias.	En un plazo de 24 meses, desarrollar una estrategia coordinada que permita identificar y administrar amenazas a nuestros sectores de alimentos y agrícola, tomando como referencia procesos exitosos aduaneros y consistentes con la legislación de cada país. En un lapso de 9 meses, compartir métodos para determinar nivel de riesgo de alimentos importados.
Desarrollar acuerdos de intercambio de información sobre actividades de procuración y emergencias.	Mediante el desarrollo de protocolos se facilitarán las herramientas necesarias para identificar, prevenir y responder a amenazas a la salud pública y los sistemas de alimentos y agricultura en sus etapas primarias.	En un lapso de 24 meses, identificar y corregir los impedimentos para el intercambio de información. En 9 meses, desarrollar mecanismos y criterios para proveer notificación previa de la identificación de productos que puedan representar riesgos a la salud pública En un lapso de 24 meses, mejorar los procedimientos trilaterales para compartir información en tiempo y forma durante emergencias en los sistemas de alimentación y agricultura. Planear y probar la infraestructura binacional, para llevar a cabo reportes previos de amenazas las 24 horas del día, durante todas las semanas, los 365 días del año.

Bioprotección: Desarrollar e instrumentar una estrategia regional de bio-protección, para evaluar, prevenir, proteger, detectar y responder a amenazas, tanto naturales como intencionales, a la salud pública y al sistema alimentario y agrícola

INICIATIVA	CÓMO BENEFICIA A AMÉRICA DEL NORTE	EVENTOS DETERMINATES
Mejorar la vigilancia de la salud humana, animal y vegetal, mediante el desarrollo de sistemas compatibles de detección rápida y el monitoreo de enfermedades infecciosas en las poblaciones de América del Norte.	El fortalecimiento de la interoperabilidad de los sistemas de monitoreo de la salud pública en los tres países facilitarán las herramientas para responder con mayor rapidez y prevenir los brotes de enfermedades infecciosas.	En un lapso de 9 meses, iniciar un taller sobre vigilancia de enfermedades infecciosas con efectos transfronterizos; y compartir soluciones a problemas comunes. En un lapso de 12 meses, desarrollar un plan regional para lidiar con la influenza pandémica. En 12 meses, intercambiar información sobre investigación y evaluación de la influenza pandémica.
Mejorar la vigilancia de la investigación en salud pública mediante la vinculación de los laboratorios de salud pública de América del Norte a través de las redes de trabajo de los laboratorios de salud en alimentación y agricultura.	Mediante la comunicación entre los laboratorios públicos y privados mejoraremos significativamente nuestras capacidades de vigilancia de la investigación en materia de salud. Lo cual nos permitirá detectar efectivamente, detener y/o responder a amenazas potenciales a la salud.	En un plazo de 6 meses, analizar el estado de la infraestructura de los laboratorios en cuanto a sus capacidades de compartición electrónica de datos. Mejorar la comunicación y la cooperación entre los laboratorios de los tres países, en un plazo de 21 meses. Explorar los protocolos que permitan crear un Sistema de Alerta Temprana sobre Brotes de Enfermedades Infecciosas, que sea interoperable a lo largo y ancho de las fronteras compartidas. Ello, en un plazo de 24 meses.

PREVENCIÓN Y RESPUESTA A AMENAZAS DENTRO DE AMÉRICA DEL NORTE

Seguridad de Aviación
Seguridad Marítima
Cooperación en Procuración de Justicia
Cooperación en Inteligencia
Protección, Prevención y Respuesta

Seguridad de Aviación

Seguridad de Aviación: Desarrollar e instrumentar una estrategia para establecer enfoques equivalentes en la seguridad de la aviación para América del Norte

INICIATIVA	BENEFICIO PARA AMÉRICA DEL NORTE	EVENTOS DETERMINANTES
Desarrollar, probar, evaluar e instrumentar un plan para establecer un mecanismo de monitoreo comparable de pasajeros aéreos, así como el monitoreo de equipaje y carga aérea.	Establecer estándares comparables para el monitoreo de pasajeros, equipaje y cargamentos fortalece y mejora la coordinación de seguridad del espacio aéreo y viajeros aéreos de América del Norte.	Concluir un memorando trilateral de cooperación dentro de los siguientes 12 meses para formalizar el papel de la *North American Aviation Trilateral* (NAAT) en alcanzar las metas de seguridad trilaterales sobre aviación civil en la Alianza para la Seguridad y la Prosperidad. Desarrollar procedimientos operacionales comparables y estándares de entrenamiento para oficiales gubernamentales actuando en la capacidad de Oficiales de Seguridad de Vuelos en América del Norte, dentro de 6 meses. Dentro de 36 meses, mejorar la seguridad de cargamento transportado en aeronaves de pasajeros y de carga, por medio de protocolos de monitoreo e inspección para bienes entrantes y salientes, y explorar la posibilidad de instrumentar una base de datos conocida como "*Shippers Data Base*". Desarrollar estándares comparables y procedimientos, dentro de 24 meses, para el detenimiento y monitoreo de equipaje. Desarrollar estándares comparables y procedimientos, dentro de 24 meses, para el monitoreo de pasajeros, a fin de incrementar la seguridad de la aviación. Para propósitos de seguridad de aviación, cada país ha desarrollado, esta desarrollando o podrá desarrollar, dentro de 24 meses, su propia valoración de pasajeros (*no-fly*), para uso en vuelos dentro, hacia o desde dicho país, a fin de asegurar que las personas que son una amenaza a la aviación son monitoreadas y prohibido su abordaje.

Seguridad Marítima

Seguridad Marítima: Desarrollar e instrumentar una estrategia para mejorar la seguridad del transporte marítimo y de los puertos en América del Norte

INICIATIVA	BENEFICIO PARA AMÉRICA DEL NORTE	EVENTOS DETERMINANTES
Colaborar en el mejoramiento de la seguridad de los puertos, embarcaciones y cargamentos, mediante el análisis conjunto de amenazas, vulnerabilidades y riesgos, así como de programas de auditoría mutuamente reconocidos.	Nuestras medidas pretenden identificar y detener amenazas antes de que arriben a las aguas de América del Norte. Ello para asegurar que la carga marina legítima sea administrada expeditamente previo a su llegada a los puertos norteamericanos.	En un plazo de 9 meses, desarrollar estrategias para el intercambio de información, que permita la creación de medidas de seguridad efectivas para navíos e instalaciones portuarias. Desarrollar estrategias compatibles para la implementación del *International Ship and Port Security (ISPS) Code,* así como las medidas regulatorias correspondientes, para asegurar las instalaciones en alta mar y tierra, en un plazo de 21 meses. Desarrollar un programa de auditoria de instalaciones portuarias para homologar los estándares de seguridad de América del Norte y de infraestructura portuaria internacional para contenedores, que reciban o transporten cargamentos internacionales. Se pretende que lo anterior sea llevado a cabo en un plazo de 9 meses. Crear una capacidad coordinada, dentro de 33 meses, para responder a incidentes marítimos y minimizar su impacto en el comercio marítimo.

Seguridad Marítima: Desarrollar e instrumentar una estrategia para mejorar la seguridad del transporte marítimo y de los puertos en América del Norte

INICIATIVA	BENEFICIO PARA AMÉRICA DEL NORTE	EVENTOS DETERMINANTES
Desarrollar e instrumentar un plan que compatibilice los regímenes regulatorios y operativos de seguridad marítima.	Mediante la creación de un entorno de regulación marítima, se asegurará un enfoque consistente para contenedores y carga destinados a las aguas de América del Norte.	Identificar las mejoras a los marcos regulatorios nacionales e internacionales para incrementar la seguridad marítima. Desarrollar una estrategia coordinada para mantener y expandir los regímenes regulatorios nacionales, así como los programas concernientes al uso de embarcaciones privadas, comerciales, así como las de recreación y pesca. Ello, en un plazo de 21 meses. Dentro de un plazo de 33 meses, aplicar estrategias para la localización de largo alcance de embarcaciones, la localización costera ampliada de pequeñas embarcaciones en viajes internacionales. Desarrollar estrategias para ampliar la coordinación para mejorar la seguridad global marítima, en un plazo de 24 meses. Desarrollar un acercamiento conjunto, dentro de 12 meses, para tratar con los buques marcados de cada país, contactando al puerto del otro país.

Cooperación en Procuración de Justicia

Cooperación en Procuración de Justicia: Desarrollar e instrumentar una estrategia para combatir amenazas transnacionales para Canadá, Estados Unidos y México

INICIATIVA	BENEFICIO PARA AMÉRICA DEL NORTE	EVENTOS DETERMINANTES
Mejorar la cooperación de intercambio de información y aplicación de la ley entre investigadores y fiscales, para dirigirse a actividades ilegales entre puertos de entrada y crimen organizado transfronterizo, contrabando de bienes, crímenes económicos, y el trafico de alcohol, armas de fuego, drogas ilegales y explosivos.	México, Canadá y Estados Unidos son afectados por organizaciones criminales cuyas operaciones trascienden las fronteras nacionales. Las tres naciones se beneficiarán de investigaciones más efectivas y la subsecuente persecución de esos elementos criminales. La habilidad de cooperar de manera más efectiva, desde el simple mejoramiento en el intercambio de información, hasta el desarrollo de procedimientos compatibles, reducirán la violencia en nuestras comunidades y a lo largo de la frontera, y resultará en una América del Norte mas segura. Una mejor cooperación entre nuestros países avanzará nuestros esfuerzos para eliminar el trafico humano, combatir el crimen organizado, y atacar el movimiento ilegal de narcóticos, químicos, materiales peligrosos y armas de fuego.	Identificar recomendaciones, dentro de 21 meses, para resolver las restricciones legales significativas para el intercambio de información investigativa. Coordinar esfuerzos en la aplicación de la ley y mejorar el intercambio de información en cuestiones de crimen financiero y transparencia comercial, dentro de 24 meses. Evaluar la co-localización de los analistas del Equipo Integrado Canadá – EE.UU. de Aplicación de la Ley Fronteriza (IBET) en cuatro lugares piloto, dentro de 12 meses. Continuar la vigorosa cooperación entre México y Estados Unidos, entre autoridades de inmigración y arresto de fugitivos, como sean apropiadas. Utilizar el Protocolo de Extradición Temporal EE.UU. / México para fugitivos sujetos de proceso en ambas jurisdicciones, dentro de 21 meses. Dentro de 24 meses, valorar la amenaza y riesgo de actividades criminales y terroristas en la Vía Marítima St. Lawrence y el Sistema de Grandes Lagos y desarrollar programas de aplicación de la ley marítima con un interés especifico en la interdicción de traficantes / contrabandistas, a fin de mejorar la seguridad fronteriza. Dentro de 18 meses, formar un grupo de trabajo piloto de inteligencia conjunta entre México y Estados Unidos, para detectar actividades criminales transfronterizas, en particular bandas criminales y organizaciones de traficantes.

Cooperación en Procuración de Justicia: Desarrollar e instrumentar una estrategia para combatir amenazas transnacionales para Canadá, Estados Unidos y México

INICIATIVA	BENEFICIO PARA AMÉRICA DEL NORTE	EVENTOS DETERMINANTES
		Dentro de 18 meses, mejorar la red internacional de enlace de oficiales, para facilitar el intercambio de inteligencia y análisis, y apoyar a las autoridades competentes en investigaciones de crimen y seguridad. Dentro de 3 meses, acordar siete programas específicos México-EE.UU. para el intercambio de información, a fin de mejorar la detección y desmantelamiento de organizaciones criminales relacionadas a la explotación sexual y laboral, especialmente de niños y mujeres. Dentro de 18 meses, desarrollar mecanismos de apoyo mutuos para la aplicación de la ley, que nos lleven a la rápida identificación y exitosa persecución de criminales cibernéticos.
Revisar los esfuerzos de contra terrorismo existentes y coordinarlos para maximizar su efectividad, incluyendo el análisis de investigaciones pasadas contra terrorismo, identificando las mejores practicas y lecciones aprendidas.	Se dirige a vulnerabilidades conocidas que sean una amenaza terrorista significativa para la seguridad nacional de cada país y, protege a los ciudadanos de cada nación por medio de una respuesta comprensiva e integrada de América del Norte.	Dentro de 12 meses, desarrollar trilateralmente una estrategia integral de procuración de justicia para la aplicación de la ley, a fin de responder a cualquier incidente terrorista en América del Norte. Mejorar la cooperación para detectar financiamiento terrorista y promover la ratification de la Convención Contra el Terrorismo de la OEA, dentro de 18 meses.

Cooperación en Procuración de Justicia: Desarrollar e instrumentar una estrategia para combatir amenazas transnacionales para Canadá, Estados Unidos y México

INICIATIVA	BENEFICIO PARA AMÉRICA DEL NORTE	EVENTOS DETERMINANTES
Cooperar en temas de detención y remoción, para hacer expedito el retorno de migrantes ilegales a sus países de origen.	Asegura que las comunidades están a salvo de terroristas peligrosos y miembros de pandillas por medio de un proceso de remoción y contribuir a la integridad de nuestros programas de inmigración respectivos.	Cooperar en la obtención de documentos de viaje de países no cooperativos, para el retorno de sus nacionales. Renegociar el Acuerdo Reciproco de Intercambio de Deportados entre Estados Unidos y Canadá dentro de 18 meses. Expandir las operaciones de remoción conjuntas Canadá-EE.UU..

Cooperación en Inteligencia

Cooperación en Inteligencia: Fortalecer las alianzas sobre inteligencia relacionadas con la seguridad de América del Norte

INICIATIVA	BENEFICIO PARA AMÉRICA DEL NORTE	Eventos Determinantes
Mejorar nuestras capacidades para combatir el terrorismo a través del intercambio apropiado de listas de terroristas (*terrorist wathclists*) y el establecimiento de vínculos entre las autoridades de Canadá, Estados Unidos y México.	El intercambio efectivo de inteligencia e información fortalece nuestra capacidad para detectar, detener y prevenir actos de terrorismo dentro y fuera de América del Norte.	Los tres países negociarán acuerdos de intercambio bilateral de información de monitoreo a terroristas. Responder y reducir las brechas en los canales de intercambio de información transfronterizos. En un plazo de 9 meses, conducir análisis conjuntos sobre la naturaleza y enfoque de la amenaza terrorista en América del Norte, que incluya la identificación de áreas de interés común e interdependencia, para consideración analítica.

Protección, Prevención y Respuesta

Protección, Prevención y Respuesta: Desarrollar e instrumentar un enfoque común para la protección de infraestructura critica y para la respuesta a incidentes terroristas transfronterizos, así como, según sea el caso, para desastres naturales

INICIATIVA	BENEFICIO PARA AMÉRICA DEL NORTE	EVENTOS DETERMINANTES
Desarrollar e implementar estrategias compatibles de protección y respuesta, así como programas para infraestructura critica compartida y áreas prioritarias (p. Ej., generación y distribución de electricidad, ductos de aceite y gas, presas, telecomunicaciones, transportes, nuclear, radiológica, base de defensa industrial y cibernética).	La protección de la infraestructura integrada de América del Norte es crucial para el funcionamiento diario de nuestras respectivas comunidades y economías nacionales. Los planes de respuesta coordinada a incidentes mejoraran significativamente la seguridad de esta infraestructura y la protegen de ataques, asegurando el abasto de los bienes y servicios que provén a todos nuestros ciudadanos.	Dentro de 18 meses, desarrollar procedimientos de valoración de vulnerabilidades y metodologías que sean aceptables mutuamente. Dentro de los dos años próximos, priorizar los valores de infraestructura critica, identificar recursos, e iniciar la conducción coordinada de valoraciones. Facilitar el intercambio de mejores practicas entre gobiernos y operadores de infraestructura critica.

Protección, Prevención y Respuesta: Desarrollar e instrumentar un enfoque común para la protección de infraestructura critica y para la respuesta a incidentes terroristas transfronterizos, así como, según sea el caso, para desastres naturales

INICIATIVA	BENEFICIO PARA AMÉRICA DEL NORTE	EVENTOS DETERMINANTES
Desarrollar e implementar planes conjuntos para la cooperación en la respuesta a incidentes, y conducir entrenamientos conjuntos y ejercicios en respuestas de emergencia.	Los planes de respuesta coordinada a incidentes mejoran significativamente la habilidad de los tres países para proteger a sus ciudadanos, minimizaran las perdidas y los daños a la vida y la propiedad, y restauran los servicios básicos y el comercio.	Iniciar un plan, en 6 meses, para desarrollar un ejercicio de preparación en anticipación a los Juegos Olímpicos de Invierno Vancouver / Whistler 2010. Desarrollar un plan, dentro de 12 meses, para fortalecer mecanismos para comunicar y coordinar respuestas de emergencia, incluyendo protocolos para asistencia mutua y cooperación en el evento de desastres naturales y tecnológicos / industriales o actos maliciosos. Dentro de 12 meses, participar en entrenamiento coordinado y conjunto, y realizar programas que nos lleven a ejercicios de gran escala. Dentro de 12 meses, desarrollar un sistema compatible de comunicación acerca del manejo de incidentes fronterizos, para asegurar la apropiada coordinación entre Canadá, Estados Unidos y México. Dentro de 12 meses, desarrollar mecanismos de reanudación de protocolos fronterizos de negocios, en el caso de un desastre y/o incremento del nivel de alerta. Coordinar esfuerzos en foros regionales y multilaterales, dentro de 18 meses, para fortalecer las metas de respuesta a incidentes en seguridad cibernética. Compartir planes, dentro de 6 meses, para comunicarse con actores privados del sector transporte y proveer actualizaciones constantes en caso de incidentes.

AUMENTAR LA EFICIENCIA DEL FLUJO SEGURO DE TRÁNSITO DE BAJO RIESGO A TRAVÉS DE NUESTRAS FRONTERAS COMPARTIDAS

Agilización Fronteriza
Cooperación en Ciencia y Tecnología

Agilización Fronteriza

Agilización Fronteriza: Aumentar la capacidad instalada y mejorar el flujo legal de personas y carga en los puertos de entrada dentro de América del Norte

INICIATIVA	BENEFICIO PARA AMÉRICA DEL NORTE	EVENTOS DETERMINANTES
Mejorar la eficiencia de la infraestructura fronteriza existente y reducir los tiempos de tránsito mediante la expansión de los programas de facilitación como NEXUS, SENTRI y FAST. Trabajar con los representantes del sector privado, Estados y Municipios, así como con gobiernos locales, para desarrollar nueva capacidad en la infraestructura fronteriza, con el fin de suplir las demandas de largo plazo.	Los tiempos de espera elevados y la congestión vehicular representan un elevado costo para nuestras economías, así como un obstáculo innecesario en lo relacionado al comercio y cruce legítimos de personas en la región. El desarrollo de un plan de inversión para infraestructura y transporte permitirá a los tres países complementar nuestro gasto público futuro y ofrecer a los usuarios de las fronteras con una operación bien planeada y con mejoras en el transporte en ambos lados de la frontera. En la medida en que el intercambio comercial se incrementa, mejoraremos nuestra infraestructura fronteriza para facilitar el creciente volumen de tráfico, así como el aumento de la demanda de cruces seguros y eficientes en las fronteras. Nuestros gobiernos promoverán el flujo seguro y eficiente del intercambio comercial y la migración de personas.	En 12 meses, expandir el programa SENTRI a San Ysidro (CA) / Tijuana; Calexico (CA) / Mexicali (BC); Nogales (AZ) / Nogales (SON); El Paso (TX) / Cd. Juarez (CHIH); Laredo (TX) / Nuevo Laredo (SON); Brownsville (TX) / Matamoros (TAMPS). En 6 meses, expandir las líneas FAST en los cruceros fronterizos primarios, en Santa Teresa (NM) / Cd. Juarez (CHIH); Ciudad Rio Grande (TX) / Camargo (TAMPS); Tecate CA) / Tecate (BC); Douglas (AZ) / Agua Prieta (SON); San Luis (AZ) / San Luis Rio Colorado (SON); Eagle Pass (TX) / Piedras Negras (COAH); y Del Rio (TX) / Cd. Acuna (COAH). Desarrollar un plan, en los próximos 6 meses, para expandir el *Vancouver NEXUS-Air Pilot Program* en América del Norte y examinar la viabilidad de incluir en el programa NEXUS-Air a nacionales mexicanos. En asociación estrecha con los actores relevantes, reducir, en 6 meses, los tiempos de espera en el cruce Windsor-Detroit en un 25% y, explorar la posibilidad de ampliar este reto a otros cruces fronterizos terrestres, en un período de 18 meses. Completar las negociaciones de un acuerdo Canadá-EE.UU. sobre la pre-internación terrestre, dentro de 6 meses, con la implementación de dos programas piloto terrestres, tomando en cuenta sus respectivas enmiendas legislativas.

Agilización Fronteriza: Aumentar la capacidad instalada y mejorar el flujo legal de personas y carga en los puertos de entrada dentro de América del Norte

INICIATIVA	BENEFICIO PARA AMÉRICA DEL NORTE	EVENTOS DETERMINANTES
		Analizar la viabilidad de ampliar la compatibilidad de los programas de procesamiento FAST en los puntos fronterizos de internación, en un plazo de 18 meses. ("*green lanes*"). En un lapso de 36 meses, desarrollar e instrumentar un sistema preciso para medir y reportar los tiempos de espera para realizar cruces fronterizos. En la frontera EE.UU.-México, convertir los carriles SENTRI a NEXUS, en un plazo de 18 meses. Completar la revisión de las necesidades de nuestras instalaciones de transporte fronterizo e identificar las prioridades en un plazo de 24 meses, así como desarrollar la implementación de un plan, de manera conjunta con autoridades estatales y municipales, para priorizar la inversión futura en infraestructura para el 2008.
Colaborar con el sector privado y los gobiernos estatales / municipales, y locales para construir nueva infraestructura fronteriza, que responda a las demandas de largo plazo, y que incluya la construcción de puertos de entrada de bajo riesgo para agilizar el movimiento seguro de bienes.	La expansión de la infraestructura fronteriza maximizará el potencial de los programas de cruce fronterizo de bajo riesgo; tales como los carriles FAST, NEXUS y SENTRI. De igual forma, apoyará al incremento en el intercambio comercial que proviene del TLCAN y agilizará el procesamiento seguro de todos los cruces fronterizos de bienes y personas.	En 6 meses, iniciar la construcción de carriles adicionales FAST / Express en Nogales (AZ) – Nogales (SON). De igual forma, en un plazo de 24 meses, analizar la viabilidad de convertir un puerto fronterizo de Texas en un carril piloto de bajo riesgo para bienes y personas, así como considerar la construcción de un puerto similar en Otay Mesa. Dentro de 12 meses, completar el estudio de viabilidad de la extensión de los carriles FAST / Express a mar y aire. Ello, para proveer, en los principales puertos de entrada de América del Norte, seguridad expedita a los cargamentos de bajo riesgo.

Cooperación en Ciencia y Tecnología

Cooperación en Ciencia y Tecnología: Identificar, desarrollar e implementar nuevas tecnologías para la consecución de nuestras metas de seguridad compartidas, y promover el flujo legal de personas y bienes a través de nuestras fronteras

INICIATIVA	BENEFICIO PARA AMÉRICA DEL NORTE	EVENTOS DETERMINANTES
Continuar la incorporación de equipo de alta tecnología a lo largo de la frontera EE.UU.-México, para el flujo eficiente y seguro de personas y bienes, así como continuar identificando lugares apropiados para su despliegue.	Aprovechando nuestra experiencia en ciencia y tecnología para generar soluciones innovadoras hace a nuestras fronteras mas eficientes y seguras.	Identificar y evaluar posibles soluciones basadas en la tecnología, para mejorar la seguridad fronteriza y facilitar el viaje de bajo riesgo a lo largo de las fronteras de América del Norte. Sostener un taller sobre el tema de terrorismo en la agricultura, que aborde temas de seguridad transfronteriza en alimentos, e investigación asociada con enfermedades extranjeras en animales (p. Ej. enfermedades de pies y boca).
Establecer un programa de desarrollo e investigación conjunta para ciencia y tecnología relacionada con la seguridad, basada en prioridades establecidas por medio de una valoración coordinada de riesgo.	Aprovechar los recursos de ciencia e ingeniería de Canadá y Estados Unidos ayuda a crear la innovación tecnológica y las capacidades requeridas para mejorar la seguridad de ambos países.	Por medio del Programa Técnico de Seguridad (PSTP), cooperar en investigación de seguridad publica, desarrollo, evaluación y despliegue de tecnologías. Aprobar e implementar proyectos de cooperatción enfocados en elementos tecnológicos prioritarios para la seguridad fronteriza, bioseguridad, protección de infraestructura critica y contra terrorismo.

Partenariat Nord-américain pour la Sécurité et la Prospérité

Rapport aux Chefs

juin 2005

Table des matières

PROSPÉRITÉ

Produits manufacturés et compétitivité sectorielle et régionale

Produits manufacturés et compétitivité sectorielle et régionale : améliorer et accélerer les processus d'approbation réglementaire en Amérique du Nord

INITIATIVE	AVANTAGES POUR L'AMÉRIQUE DU NORD	PRINCIPAUX ÉCHÉANCIERS
Élaborer un cadre de coopération trilatérale en matière de réglementation.	Le cadre améliorera la coopération actuelle et encouragera de nouvelles collaborations entre les responsables de la réglementation, notamment au début du processus, et favorisera la compatibilité des règlements et la réduction des doubles essais et des exigences de certification, tout en garantissant des normes élevées de santé et de sécurité.	Former un « groupe permanent » trilatéral pour élaborer le cadre : d'ici l'automne 2005. Tenir un colloque trilatéral pour étudier les systèmes de réglementation du Canada, des États-Unis et du Mexique, dont le but sera de déterminer des moyens d'améliorer la coopération : d'ici mars 2006. Finaliser un cadre de coopération en matière de réglementation : d'ici 2007. Suivre les efforts de coopération en vue de produire un rapport d'étape ou une évaluation : d'ici 2008.

Produits manufacturés et compétitivité sectorielle et régionale :
Acier : un partenariat stratégique pour une industrie stratégique

INITIATIVE	AVANTAGES POUR L'AMÉRIQUE DU NORD	PRINCIPAUX ÉCHÉANCIERS
Poursuivre une stratégie nord-américaine pour l'acier.	Les trois gouvernements ont convenu de poursuivre une stratégie nord-américaine pour l'acier afin de promouvoir la croissance, la compétitivité et la prospérité. La stratégie favorisera les marchés nord-américains de l'acier en réduisant les distorsions du marché, en facilitant le commerce de l'acier et en améliorant la stabilité en général. L'innovation et le développement des marchés accroîtront la compétitivité et la productivité de l'industrie.	Les gouvernements nord-américains coordonneront leurs observations sur le plan directeur de l'Organisation de coopération et de développement économiques pour une entente sur les subventions au secteur de l'acier : d'ici juin 2005. Créer un petit groupe de travail trilatéral réunissant des représentants des gouvernements et de l'industrie afin d'élaborer un plan de travail détaillé pour la mise en œuvre des grandes priorités de la stratégie : dépôt d'un rapport pour discussion d'ici la réunion du Comité nord-américain sur le commerce de l'acier en novembre 2005. Les gouvernements doivent se consulter entre eux, ainsi que leur industrie de l'acier, concernant la rencontre des ministres de l'Organisation mondiale du commerce, à Hong Kong, en décembre 2005. Les gouvernements doivent discuter de leurs systèmes de suivi pour faire connaître leurs pratiques exemplaires, leurs réussites et les façons possibles d'améliorer la surveillance des importations : d'ici mars 2006.

Produits manufacturés et compétitivité sectorielle et régionale : vers un secteur de l'automobile parfaitement intégré

INITIATIVE	AVANTAGES POUR L'AMÉRIQUE DU NORD	PRINCIPAUX ÉCHÉANCIERS
Créer le Conseil du partenariat nord-américain de l'automobile.	Le Conseil du partenariat nord-américain de l'automobile (CPNAA), dirigé par le secteur de l'automobile, est un mécanisme permettant aux gouvernements nord-américains de travailler de concert avec les principaux acteurs afin d'assurer la compétitivité dans ce domaine et d'aborder tous les aspects qui vont de la réglementation à la facilitation à la frontière, en passant par l'innovation et l'infrastructure des transports.	Créer officiellement le CPNAA : d'ici septembre 2005. Le CPNAA fera des recommandations aux gouvernements sur les grands défis et opportunités.
Promouvoir une plus grande compatibilité entre les règlements, les normes et les procédures d'évaluation de la conformité visant les véhicules et les pièces, tout en assurant la sécurité et la protection de l'environnement.	La compatibilité dans ce secteur permettra de faire en sorte que les règlements et procédures d'essai obligatoires actuels et futurs améliorent le commerce et la compétitivité, tout en assurant la sécurité et la protection de l'environnement.	Le Conseil des normes de l'automobile de l'ALENA et le Sous-comité des normes relatives aux transports terrestres se réuniront tous les deux pour examiner les normes, règlements et procédures d'évaluation de la conformité problématiques recensés par les intervenants.
Coordonner l'élaboration du règlement Canada–États-Unis–Mexique sur la sécurité et la protection de l'environnement avec les règlements techniques mondiaux/CENUE.	La participation des trois pays au Groupe de travail 29 (GT 29) favorisera grandement la coordination nord-américaine de l'élaboration de règlements sur la sécurité et la protection de l'environnement.	Le processus lancé par le Mexique pour participer au GT 29 est terminé. Le Mexique a donc décidé d'en faire partie.

Produits manufacturés et compétitivité sectorielle et régionale : élimination de la contrefaçon et du piratage en Amérique du Nord

INITIATIVE	AVANTAGES POUR L'AMÉRIQUE DU NORD	PRINCIPAUX ÉCHÉANCIERS
Lutter contre la contrefaçon et le piratage.	Les Nord-Américains sont animés par la volonté commune de combattre la contrefaçon et le piratage de produits qui minent l'esprit de créativité, entravent le développement économique et peuvent nuire à la santé et à la sécurité publiques. Les groupes de criminels organisés utilisent de plus en plus les voies du commerce international pour distribuer et vendre à l'échelle planétaire des produits contrefaits et piratés, ce qui, chaque année, coûte des milliards de dollars aux titulaires légitimes de droits de propriété intellectuelle en Amérique du Nord.	Élaborer une stratégie coordonnée de lutte contre la contrefaçon et le piratage en améliorant la détection des actes de contrefaçon et de piratage et les instruments de dissuasion, en sensibilisant davantage le public concernant le commerce des produits contrefaits et piratés et en établissant des mesures pour évaluer les progrès accomplis et estimer l'ampleur du problème : d'ici 2006.

Produits manufacturés et compétitivité sectorielle et régionale : autres initiatives

INITIATIVE	AVANTAGES POUR L'AMÉRIQUE DU NORD	PRINCIPAUX ÉCHÉANCIERS
Conclure une entente reconnaissant les spécifications équivalentes du Canada et des États-Unis en ce qui concerne les conteneurs utilisés pour le transport de produits dangereux.	Aidera à s'assurer que les produits peuvent circuler sans égard aux frontières.	Les autorités compétentes se rencontreront pour amorcer les discussions.
Mettre en œuvre un programme accéléré pour promouvoir la reconnaissance mutuelle des résultats obtenus par les laboratoires d'essai en ce qui concerne les normes en Amérique du Nord.	Les produits testés à l'aide d'équipements dont les résultats peuvent être retracés aux normes de qualité et de quantité d'un des pays de l'Amérique du Nord seront acceptés dans les trois pays. On réduira ainsi les doubles essais et les coûts élevés pour les manufacturiers.	La reconnaissance mutuelle des résultats des laboratoires d'essai qui mesurent les dimensions et les émissions des véhicules automobiles : d'ici mars 2006. La reconnaissance mutuelle des résultats des laboratoires d'essai en ce qui concerne la mesure des émissions de soufre du mazout et d'autres mesures chimiques générales : d'ici mars 2007. Élaborer un plan de travail pour une collaboration à long terme en matière de métrologie : d'ici mars 2007.

Produits manufacturés et compétitivité sectorielle et régionale : autres initiatives

INITIATIVE	AVANTAGES POUR L'AMÉRIQUE DU NORD	PRINCIPAUX ÉCHÉANCIERS
Favoriser le commerce des matériels médicaux.	Une diminution du nombre de vérifications des systèmes réglementaires de gestion de la qualité auxquelles les manufacturiers doivent se soumettre permettrait de réduire le fardeau de la réglementation et les coûts. La coopération en matière de réglementation pourrait également mener à l'harmonisation des normes et, par conséquent, réduire les différences inutiles sur le plan des besoins techniques et promouvoir l'approbation plus rapide des produits.	Les petites et moyennes entreprises de matériels médicaux canadiennes et mexicaines admissibles ont obtenu l'accès à la remise de la FDA américaine pour les petites entreprises de matériels médicaux. Le Canada et les États-Unis chercheront des occasions de collaborer en ce qui concerne les programmes de vérification des systèmes d'assurance de la qualité/d'inspection par un tiers : d'ici mars 2008. Collaborer pour une meilleure harmonisation des pratiques de réglementation en Amérique du Nord grâce aux directives du Groupe de travail sur l'harmonisation mondiale : d'ici mars 2008.
Favoriser l'accès au marché des produits de santé naturels en Amérique du Nord.	Les manufacturiers de produits de santé naturels bénéficieront d'occasions d'accès au marché pour leurs produits.	Le Canada, les États-Unis et le Mexique participeront à une table ronde pour échanger des renseignements concernant les procédures nationales d'évaluation de la conformité : d'ici septembre 2005.

Produits manufacturés et compétitivité sectorielle et régionale : autres initiatives

INITIATIVE	AVANTAGES POUR L'AMÉRIQUE DU NORD	PRINCIPAUX ÉCHÉANCIERS
Poursuivre l'élaboration d'une approche mutuellement acceptable pour le Canada et les États-Unis afin de partager une déclaration unique pour l'introduction de nouvelles substances chimiques en vertu de l'entente Four Corners Canada–États-Unis et/ou du projet pilote de l'OCDE sur l'acceptation réciproque des déclarations.	Partager une déclaration unique et des renseignements des évaluations concernant les nouvelles substances chimiques réduira la durée et le coût des évaluations.	Prendre des mesures pour amorcer la collaboration et l'échange de documents des évaluations entre les parties. Faire un inventaire trilatéral des substances chimiques sur le marché. Évaluer les résultats du projet pilote de deux ans de l'OCDE sur l'acceptation réciproque des déclarations.
Adopter une approche commune en matière d'étiquetage des textiles.	L'harmonisation des exigences d'étiquetage réduira les coûts des manufacturiers et favorisera le commerce du textile et des vêtements entre les parties.	Finaliser et signer une entente sur les symboles d'entretien pour les textiles et les vêtements. Élaborer une approche commune pour établir la provenance des articles textiles.
Améliorer la coopération en matière de réglementation en ce qui concerne le matériel de sécurité maritime et les embarcations de plaisance.	Ceci permettra de promouvoir l'accès au marché et de réduire les coûts.	Déterminer la nécessité et le bien-fondé de négocier une entente d'équivalence, et définir les catégories de produits et les normes/règlements s'appliquant au matériel maritime. Déterminer la nécessité de négocier une entente de reconnaissance mutuelle des certificats de conformité pour la construction d'embarcations de plaisance.

Produits manufacturés et compétitivité sectorielle et régionale : autres initiatives

INITIATIVE	AVANTAGES POUR L'AMÉRIQUE DU NORD	PRINCIPAUX ÉCHÉANCIERS
Renforcer et améliorer l'échange d'informations en matière de santé publique et les activités de collaboration liées à la sécurité des produits de consommation.	Les protocoles d'entente établira les mécanismes grâce auxquels l'échange d'information liée à la gestion des risques, au respect de la loi, aux essais de laboratoire, au rappel, à l'élaboration des règlements et à la surveillance post-marketing améliorera la sécurité des produits de consommation en Amérique du Nord.	Finaliser et signer un protocole d'entente entre le Canada et les États-Unis : d'ici juin 2005. Finaliser et signer un protocole d'entente entre les États-Unis et le Mexique. Amorcer les négociations en vue d'un protocole d'entente possible entre le Canada et le Mexique.
Travailler à accroître l'efficacité avec laquelle nos pays cernent les facteurs qui ont une incidence sur la compétitivité. de l'économie nord-américaine et interviennent en conséquence.	La dynamique très changeante de la mondialisation offre d'importantes opportunités mais pose aussi des défis communs aux entreprises nord-américaines. Les gouvernements nord-américains sont eux aussi concernés et doivent faire preuve de souplesse et de célérité dans leurs interventions. En faisant davantage appel aux organisations existantes qui prodiguent des conseils stratégiques sur les moyens de renforcer l'économie nord-américaine, les gouvernements pourront mieux maîtriser ces questions.	Élaborer une proposition à l'intention des ministres pour mettre à profit le travail des organisations existantes : d'ici mars 2006.

Produits manufacturés et compétitivité sectorielle et régionale : autres initiatives

INITIATIVE	AVANTAGES POUR L'AMÉRIQUE DU NORD	PRINCIPAUX ÉCHÉANCIERS
Sonder les possibilités de collaboration dans d'autres domaines clés, notamment la biotechnologie, la nanotechnologie, les chaînes d'approvisionnement et la gestion du matériel, les produits forestiers, les PME, les matériaux de construction, l'étiquetage de la composition en fibre, le réseau de fournisseurs écologiques et l'approche à l'égard des nouveaux marchés.	Le Partenariat nord-américain pour la sécurité et la prospérité engage les gouvernements nord-américains dans un processus continu de collaboration, avec de nouveaux éléments s'ajoutant au programme de travail par consentement mutuel si les circonstances le justifient. Afin de poursuivre les efforts pour souligner la compétitivité et améliorer la qualité de vie des Nord-Américains, les gouvernements nord-américains se sont entendus pour sonder les occasions de collaborer dans d'autres domaines qui pourraient être ajoutés au programme au-delà de l'annonce en juin. Par exemple, nous consulterons les intervenants des PME sur la façon de surmonter leurs difficultés particulières dans le contexte nord-américain.	Élaborer des initiatives possibles et faire rapport sur celles-ci.

Circulation des biens

Circulation des biens : d'ici 2007, étendre à au moins 30 milliards de dollars en échanges trilatéraux le traitement en franchise de droit, par la libéralisation des règles d'origine

INITIATIVE	AVANTAGES POUR L'AMÉRIQUE DU NORD	PRINCIPAUX ÉCHÉANCIERS
Réduire les coûts liés aux « règles d'origine » pour les biens échangés entre nos pays.	La libéralisation des règles d'origine allégera les lourdeurs administratives et donnera aux producteurs plus de souplesse dans le choix des fournisseurs de composants destinés à la fabrication de leurs produits. Cela facilitera également l'admissibilité des exportateurs aux taux d'admission en franchise prévus par l'ALENA et devrait accroître les échanges trilatéraux.	Juin : annoncer la fin de la mise en œuvre trilatérale de la première phase de modification des règles d'origine. D'ici le 30 septembre 2005, terminer les consultations publiques sur la deuxième phase de modification des règles d'origine. Viser à mettre en œuvre d'ici le 1er janvier 2006, mais au plus tard en juin 2006, la deuxième phase de modification des règles d'origine. D'ici le 1er mai 2006, terminer les négociations sur la troisième phase de modification des règles d'origine, en visant une entente aussi exhaustive et ambitieuse que possible.
Explorer des possibilités de faciliter le commerce.	Les initiatives visant à faciliter le commerce des biens amélioreront les débouchés commerciaux entre les trois pays.	Des consultations commenceront immédiatement auprès des intervenants intéressés. Elles auront pour objectif de cerner les priorités concernant la facilitation des échanges commerciaux. Dans la deuxième moitié de 2005, les trois pays se réuniront pour discuter de propositions bien précises en tenant compte des observations recueillies au cours des consultations.

Commerce électronique et TIC

Commerce électronique et TIC : maximiser le commerce en ligne et la confiance des consommateurs

INITIATIVE	AVANTAGES POUR L'AMÉRIQUE DU NORD	PRINCIPAUX ÉCHÉANCIERS
Cadre de principes communs pour le commerce électronique.	Un cadre de principes appuyera le commerce électronique transfrontalier et en favorisera la croissance en Amérique du Nord en renforçant la confiance des consommateurs grâce à des mesures de protection de la confidentialité, à la reconnaissance des documents et des signatures électroniques et à la rationalisation des pratiques et des procédures dans le domaine du commerce électronique transfrontalier. Ce cadre traitera des rôles respectifs du gouvernement et du secteur privé. Il favorisera la transparence et la sécurité, de même que la croissance du marché du commerce électronique. Il accélérera également l'utilisation des TIC en éliminant les barrières au commerce électronique dans les transactions transfrontalières.	Signature du cadre en juin 2005. Mise en œuvre des divers éléments d'ici mars 2007.
Légalisation des signatures électroniques ainsi que des transactions commerciales électroniques.	Le fait de reconnaître les signatures et les documents électroniques comme instruments légaux favorisera l'augmentation des transactions électroniques transfrontalières.	Détermination des approches et des problèmes d'ici décembre 2005. Ébauche des procédures d'ici juin 2006. Mise en œuvre d'ici mars 2007.

Commerce électronique et TIC : maximiser le commerce en ligne et la confiance des consommateurs

INITIATIVE	AVANTAGES POUR L'AMÉRIQUE DU NORD	PRINCIPAUX ÉCHÉANCIERS
Mise en œuvre de l'entente de reconnaissance mutuelle concernant les évaluations de la conformité de la Commission interaméricaine des télécommunications (CITEL)	Permettra de rationaliser le processus pour les fournisseurs de matériel et la réduction des coûts découlant de la nécessité de doubler les tests ou les évaluations de conformité pour certaines pièces de matériel de télécommunication avant de les vendre sur le marché nord-américain.	Mise en œuvre de la *phase I* (c.-à-d. acceptation des résultats de tests effectués dans des laboratoires reconnus) : É.-U. et Canada – juin 2005; Mexique – début de la mise en œuvre d'ici juin 2006. Mise en œuvre de la *phase II* (c.-à-d., acceptation de l'homologation de produits faite par des organismes reconnus) : É.-U. et Canada – après 2007; Mexique – d'après l'expérience de la *phase I*, examiner la possibilité de mettre en œuvre la *phase II* d'ici mars 2008.
Entente sur les mécanismes à mettre en place pour assurer des consultations bilatérales/trilatérales sur les questions touchant la politique des télécommunications et du spectre	Permettra à chaque pays d'accroître sa capacité d'élaborer des approches et des positions communes au sein des organismes internationaux (Union internationale des communications, CITEL) et des organismes bilatéraux [High Level Consultative Commission (Mexique–É.-U.), Comité de liaison technique radio (Canada–É.-U.)], et d'accroître la collaboration dans le domaine de la politique du spectre et de la réglementation technique, afin de renforcer l'importance des TIC dans leurs économies respectives.	Élaboration du plan de travail d'ici décembre 2005.

Commerce électronique et TIC : maximiser le commerce en ligne et la confiance des consommateurs

INITIATIVE	AVANTAGES POUR L'AMÉRIQUE DU NORD	PRINCIPAUX ÉCHÉANCIERS
Discussion au sein des organismes/ministères compétents sur les procédures visant à accélérer la négociation et la conclusion de nouvelles ententes, ou la modification d'ententes existantes, concernant la coordination et le partage des bandes de fréquence dans les zones frontalières.	Le Canada, le Mexique et les États-Unis possèdent, en région frontalière, de vastes zones toutes très peuplées et comprenant de grands centres urbains. Les services et technologies sans fil continuant de voir le jour à un rythme accéléré, toute entente sur le partage des bandes de fréquence sera utile et aura des répercussions positives considérables.	Engagement des discussions d'ici décembre 2005.

Services financiers

Services financiers

INITIATIVE	AVANTAGES POUR L'AMÉRIQUE DU NORD	PRINCIPAUX ÉCHÉANCIERS
Évaluer les programmes d'assistance technique existants à l'intention des superviseurs et des organismes chargés de la réglementation des banques, du commerce des valeurs mobilières et de l'assurance.	Permet d'élaborer et de mettre en œuvre plus efficacement les initiatives de réglementation en fournissant aux superviseurs du secteur financier des outils leur permettant de protéger les consommateurs et de maintenir l'intégrité des systèmes financiers au sein de la zone de l'ALENA.	Répertorier les programmes d'assistance technique existants en vue d'examiner si de nouveaux secteurs de formation sont nécessaires : d'ici décembre 2005.
Encourager la coopération dans l'enseignement des finances.	Favorise le recours au secteur financier officiel, l'amélioration des produits et services financiers et la concurrence.	Accroître les contacts et les consultations entre les organismes américains et mexicains sur la façon de partager leur expérience en matière d'enseignement des finances : d'ici décembre 2006.
Le Mexique et les États-Unis chercheront à accroître l'efficacité des échanges et encourageront le recours à la chambre de compensation automatisée de FedACH International Mexico Service.	Permet de renforcer l'infrastructure financière continentale et de réduire les coûts liés aux transactions transfrontalières.	Dans les consulats mexicains aux États-Unis, tenir des séances É.-U.–Mexique pour promouvoir la chambre de compensation de FedACH International Service dans le cadre du programme « Directo a Mexico » : d'ici juin 2007. Le Comité sur les services financiers de l'ALENA fera rapport sur la faisabilité de transformer la chambre de compensation automatisée et unidirectionnelle É.-U.–Mexique en un mécanisme bidirectionnel : d'ici juin 2007.

Services financiers

INITIATIVE	AVANTAGES POUR L'AMÉRIQUE DU NORD	PRINCIPAUX ÉCHÉANCIERS
Le Canada et les É.-U. examineront la possibilité d'éliminer les retenues d'impôt et l'impôt sur les intérêts perçus au niveau des succursales sur les versements d'intérêts transfrontaliers.	Faire en sorte que la convention fiscale tienne compte à la fois de l'évolution des politiques fiscales nationales et des besoins des entreprises et du commerce transfrontaliers.	Les négociateurs du traité Canada–É.-U. discuteront dans le contexte des négociations actuelles.
Renforcer l'échange d'information sur le secteur financier.	Permet d'améliorer l'administration de l'impôt et de réduire les coûts liés à la prestation de services bancaires.	Le Comité sur les services financiers de l'ALENA consultera les autorités fiscales et formulera des recommandations visant à améliorer les modalités relatives à l'échange d'information financière : d'ici décembre 2005.
Encourager la discussion des questions relatives à l'accroissement des transactions transfrontalières par un accès direct aux plate-formes commerciales électroniques des marchés boursiers et des instruments dérivés dans l'ensemble de la région sans compromettre la protection des investisseurs.	Appuie le renforcement des marchés financiers et la prestation plus efficiente des services axés sur les valeurs mobilières en réduisant les frais de transaction et le coût du capital pour les sociétés.	Amorcer auprès des organismes de réglementation le dialogue concernant l'accès direct aux marchés boursiers actuels : d'ici juin 2007.

Services financiers

INITIATIVE	AVANTAGES POUR L'AMÉRIQUE DU NORD	PRINCIPAUX ÉCHÉANCIERS
Trouver des moyens de rendre plus disponibles et plus abordables les assurances pour les transporteurs routiers qui font du commerce transfrontalier en Amérique du Nord.	Contribue à améliorer l'accès au capital et favorise une concurrence accrue dans le marché de l'assurance.	Les États-Unis et le Canada examineront la possibilité de modifier le règlement fédéral américain sur la gestion de la sécurité du transport routier de façon à permettre aux assureurs canadiens de signer directement le formulaire MCS-90 concernant l'acceptation de la responsabilité civile par les polices d'assurances de transporteurs routiers : d'ici juin 2006. Faciliter et accroître le tourisme par divers moyens, notamment la possibilité de mettre sur pied une assurance automobile personnelle transfrontalière : d'ici juin 2007.

Services financiers

INITIATIVE	AVANTAGES POUR L'AMÉRIQUE DU NORD	PRINCIPAUX ÉCHÉANCIERS
Favoriser la détermination des points d'intérêt commun en matière de réglementation et d'autres questions d'ordre financier et de réglementation intéressant les parties concernées, et s'employer d'un commun accord à faciliter la coopération.	Renforce les systèmes financiers des trois pays tout en maintenant des normes élevées de sécurité, de qualité et de protection des investisseurs. Renforce également le rôle des services financiers pour ce qui est d'accroître l'efficience et la productivité en général, afin de permettre aux entreprises nord-américaines de tous les secteurs d'être plus compétitives, créant ainsi des possibilités de développement plus nombreuses et plus intéressantes pour les trois pays.	Le groupe de travail chargé des services financiers encouragera les responsables de la réglementation à cerner les points d'intérêt commun en matière de réglementation : rapport sur les résultats de ces consultations d'ici décembre 2007.

Transport

Initiative clé - Transport aérien en Amérique du Nord : élargir nos horizons

INITIATIVE	AVANTAGES POUR L'AMÉRIQUE DU NORD	PRINCIPAUX ÉCHÉANCIERS
Examiner les possibilités d'élargir les relations bilatérales et trilatérales dans le domaine du transport aérien.	Favorise le développement de nouveaux marchés, la création de nouveaux services, la baisse des prix et l'accroissement de la concurrence, ce qui est avantageux pour les populations nord-américaines, tout en permettant la mise en place d'une industrie du transport aérien forte, dynamique et en bonne position pour se lancer à la conquête des marchés internationaux.	Entreprendre des négociations bilatérales en 2005/2006. Établir un dialogue pour recenser les questions à examiner d'ici la fin 2006 en vue de la conclusion d'une entente trilatérale.
Augmenter les capacités de l'espace aérien en Amérique du Nord et permettre aux avions d'emprunter en toute sécurité de meilleurs couloirs.	La mise en œuvre du minimum de séparation verticale réduit (RVSM) favorise une utilisation sûre et efficace de l'espace aérien et diminue les coûts pour les transporteurs et les citoyens.	Le RVSM a été implanté simultanément par les trois pays en janvier 2005 comme prévu et entendu à l'origine. L'initiative est terminée et a donné lieu à l'augmentation des capacités prévue.
Conclure une entente permettant aux avions d'affaires, y compris les avions à propriété partagée, de voler librement dans les trois pays.	Permet aux entreprises nord-américaines d'utiliser davantage leurs propres appareils pour favoriser l'atteinte de leurs objectifs commerciaux. Accroît l'efficacité de l'aviation d'affaires en réduisant les coûts et la bureaucratie.	Consulter les intervenants et établir un régime de réglementation pour les avions à propriété partagée compatible pour l'Amérique du Nord en 2005. Éliminer les barrières économiques à la mise en place d'un régime trilatéral « ouvert » en repérant les contraintes au niveau national et en trouvant des solutions pour les éliminer, et en concluant une entente en vue de la mise en place d'un régime équitable s'appliquant aux trois pays. Conclusion et entrée en vigueur de l'entente en 2006.

Initiative clé - Transport aérien en Amérique du Nord : élargir nos horizons

INITIATIVE	AVANTAGES POUR L'AMÉRIQUE DU NORD	PRINCIPAUX ÉCHÉANCIERS
Améliorer la sécurité de l'aviation et de la navigation aérienne.	Accroît la sécurité dans le ciel nord-américain grâce à l'harmonisation des normes pour la mise en œuvre des systèmes RNP (qualité de navigation requise) et RNAV (navigation de surface) en Amérique du Nord. Simplifie la formation et améliore l'efficacité pour les transporteurs.	Établir une stratégie conjointe relative à l'harmonisation RNP-RNAV et signer une déclaration officielle en 2005.
	La mise en place d'un système de renforcement à couverture étendue (WAAS) opérationnel – s'appuyant sur le système mondial de localisation (GPS) – à l'échelle de l'Amérique du Nord permet d'accroître la précision de la navigation partout dans cette zone.	Installer 5 stations WAAS au Canada et au Mexique en 2005. Installer 4 stations WAAS de plus en 2006.
	La mise en place d'un système automatisé d'échange des données de vol entre les installations transfrontalières de contrôle du trafic aérien permettra d'accroître la sécurité et les capacités.	Poursuivre les consultations en vue de parvenir à des positions conjointes en 2005.
Travailler en vue de conclure un accord bilatéral sur la sécurité de l'aviation (BASA) entre le Mexique et les États-Unis.	La négociation d'un accord de coopération sera un premier pas concret en vue de la conclusion subséquente d'un BASA entre le Mexique et les États-Unis. La signature d'un BASA facilitera la circulation et la vente des produits aéronautiques en Amérique du Nord.	D'ici la fin 2006, signer un accord de coopération.

INITIATIVE CLÉ : CIRCULATION TRANSFRONTALIÈRE PLUS SÛRE, PLUS RAPIDE ET PLUS EFFICACE

INITIATIVE	AVANTAGES POUR L'AMÉRIQUE DU NORD	PRINCIPAUX ÉCHÉANCIERS
Utiliser de nouveaux mécanismes, ou des mécanismes améliorés, pour appuyer la planification, le partage de l'information et la communication concernant la frontière.	L'utilisation de mécanismes bilatéraux comme le Groupe de travail Canada–États-Unis sur les questions frontalières de transport et le U.S.-Mexico Joint Working Committee on Transportation Planning permettra de mieux planifier les investissements prioritaires dans l'infrastructure frontalière.	Revitaliser le Groupe de travail Canada–États-Unis sur les questions frontalières de transport et le U.S.-Mexico Joint Working Committee on Transportation Planning d'ici la fin 2005.
	Les États-Unis et le Canada dresseront la liste de leurs infrastructures frontalières et prépareront un plan de mise en œuvre des investissements prioritaires aux principaux postes frontaliers terrestres, amélioreront le commerce frontalier et l'information sur le trafic, augmenteront l'efficacité des agences de services frontaliers et de la circulation des gens et des marchandises, accroîtront l'utilisation des technologies de soutien et rendront la planification et la coordination du transport transfrontalier plus efficaces.	Terminer de dresser la liste des infrastructures frontalières du Canada et des États-Unis et préparer un plan d'investissements prioritaires aux principaux postes frontaliers terrestres d'ici 2008.
	On élaborera des méthodes pour détecter les embouteillages à la frontière États-Unis–Mexique et on établira ou mettra en place les initiatives à faible coût/haut rendement contenues dans les études sur les embouteillages.	Mener des consultations continues, selon les besoins, avec les intervenants, y compris le secrétariat des communications et du transport du Mexique et la U.S. Trade Development Administration.

Entreprendre de nouvelles études sur les principaux corridors de l'ALENA entre le Mexique et les États-Unis et trouver une façon de remédier au problème des embouteillages sur les autoroutes et aux postes frontaliers d'ici le milieu de 2006 (9 mois). |

INITIATIVE CLÉ : CIRCULATION TRANSFRONTALIÈRE PLUS SÛRE, PLUS RAPIDE ET PLUS EFFICACE

INITIATIVE	AVANTAGES POUR L'AMÉRIQUE DU NORD	PRINCIPAUX ÉCHÉANCIERS
	Ces mesures permettront ensemble de rendre la circulation à la frontière plus sûre, plus rapide et plus efficace, d'améliorer le flux des échanges commerciaux et d'accroître la prospérité des Nord-américains.	Organiser un forum États-Unis–Mexique sur le financement des transports à l'été 2005 et présenter des ateliers complémentaires sur des façons novatrices de financer des projets le long de la frontière en 2005-2006 (12 mois).
Colliger et analyser les statistiques sur le commerce frontalier et les flux de circulation à l'aide d'outils technologiques modernes.	En colligeant les statistiques sur le transport et les besoins en infrastructure, et en comblant les lacunes, on améliorera l'information sur les flux commerciaux trilatéraux, on appuiera l'analyse des besoins et on permettra une meilleure planification à long terme. On optimisera l'utilisation de l'infrastructure frontalière en Amérique du Nord et on facilitera le développement de l'architecture des transports à l'échelle du continent. En mettant en place une architecture pour favoriser la circulation de l'information sur la frontière, on améliorera l'efficacité des agences de services frontaliers grâce à une amélioration de l'interopérabilité de la technologie et on réduira les coûts.	Conserver et mettre à jour les données trinationales du projet Échange des statistiques des transports en Amérique du Nord. Terminer la mise à jour en septembre 2005. Mettre en œuvre les projets de technologie de collecte de données par le pesage routier dynamique au Canada et aux postes frontaliers entre le Canada et les États-Unis pour améliorer la collecte et l'analyse de l'information sur le commerce frontalier et les flux de circulation en 2005-2006. À partir de 2005, effectuer des analyses et une modélisation de l'infrastructure frontalière États-Unis–Mexique et des flux commerciaux pour soutenir le développement d'une meilleure architecture frontalière. Modéliser 21 postes frontaliers avec l'outil de simulation sur les mouvements à la frontière mexicaine. Élaborer un système d'information géographique (SIG) États-Unis–Mexique en 2006 (18 mois). Mettre la dernière main à l'Architecture des flux d'information frontaliers et profiter des occasions qui se présentent pour mettre en place un projet pilote. Appuyer la conception d'une architecture des systèmes de transport intelligents au Mexique.

INITIATIVE CLÉ : CIRCULATION TRANSFRONTALIÈRE PLUS SÛRE, PLUS RAPIDE ET PLUS EFFICACE

INITIATIVE	AVANTAGES POUR L'AMÉRIQUE DU NORD	PRINCIPAUX ÉCHÉANCIERS
Faciliter le commerce frontalier et les flux de circulation.	En développant l'infrastructure frontalière et les services de transport en commun transfrontaliers, on améliore les flux commerciaux grâce à une réduction des temps d'attente à la frontière.	Construire 6 nouvelles voies rapides dans le cadre de SENTRI ou de NEXUS à la frontière canado-américaine d'ici la fin 2006. Mettre en place un service de transport en commun à la frontière États-Unis–Mexique entre El Paso et Ciudad Juárez d'ici décembre 2005.

Autres initiatives dans le domaine des transports

Initiative	Avantages pour l'Amérique du Nord	Principaux échéanciers
Amélioration du transport maritime à courte distance.	La majeure partie du transport et du commerce maritimes à courte distance en Amérique du Nord peut améliorer l'utilisation de la capacité des voies navigables, réduire la congestion et les coûts de transport, améliorer l'intégration modale et faciliter le mouvement transfrontalier des gens et des marchandises. Le transport maritime à courte distance peut améliorer l'efficacité d'un système de transport intégré en Amérique du Nord pour répondre à la demande actuelle et future dans le domaine.	Tenir une conférence continentale sur le transport maritime à courte distance d'ici le printemps 2006. Mettre en place l'accord de coopération d'ici 2007. Mettre en place un projet de recherche/d'études Canada–États-Unis en 2005, et le terminer d'ici 2007.
Coordination de la sécurité du ferroviaire en Amérique du Nord.	Accroître l'efficacité des flux de circulation ferroviaire transfrontaliers grâce à une harmonisation des procédures de sécurité et l'échange d'information.	Poursuivre la tenue des réunions biannuelles de hauts dirigeants pour examiner des façons de promouvoir la sécurité ferroviaire et faciliter la circulation ferroviaire transfrontalière. En 2005, évaluer les procédures aux postes frontaliers cruciaux. Poursuivre et élargir les inspections de sécurité conjointes aux postes frontaliers en 2005. Examiner les règles de sécurité ferroviaires pour repérer les possibilités d'harmonisation d'ici la fin 2006.

AUTRES INITIATIVES DANS LE DOMAINE DES TRANSPORTS

INITIATIVE	AVANTAGES POUR L'AMÉRIQUE DU NORD	PRINCIPAUX ÉCHÉANCIERS
Reconnaître la valeur des normes et des règlements régissant les transporteurs routiers en Amérique du Nord et les harmoniser.	Améliore l'efficacité du transport commercial routier en coordonnant, dans la mesure du possible, la gestion des dimensions et du poids des véhicules ainsi que les normes en la matière. La reconnaissance de la valeur des normes médicales pour les transporteurs routiers et des cotes de sécurité et leur harmonisation amélioreront la souplesse des transporteurs routiers; elles réduiront ainsi les coûts du transport et favoriseront l'augmentation du flux des échanges commerciaux.	Tenir des réunions d'évaluation des incidences en 2005 et au début 2006 pour déterminer quelles questions particulières touchant les dimensions et le poids des véhicules pourraient être résolues. D'ici 2010, recommander des méthodes de coordination, mettre en œuvre des normes appropriées et procéder aux rajustements administratifs nécessaires. En 2005, tenir une réunion afin d'élaborer le chemin critique en vue d'harmoniser les normes médicales pour les transporteurs routiers. En 2005, établir un protocole d'avertissement préalable pour aviser les partenaires du PSP des règles de sécurité imminentes qui pourraient avoir des répercussions importantes sur les transporteurs routiers. D'ici la fin 2007, établir des procédures pour permettre l'échange électronique de données sur la sécurité des transporteurs routiers. D'ici la fin 2007, élaborer un système de reconnaissance réciproque des cotes de sécurité pour les transporteurs routiers.
Examiner les avantages d'un concept de transport intermodal en Amérique du Nord.	Un réseau de transport intermodal en Amérique du Nord peut améliorer l'efficacité du transport, réduire les délais de répartition du chargement et accroître la souplesse du flux des échanges commerciaux transfrontaliers.	Élaborer un concept de transport intermodal d'ici la fin de 2006. Travailler à la création d'un plan de travail sur les corridors intermodaux, d'un accord de coopération et d'un projet pilote.

ÉNERGIE

Énergie : création d'une économie énergétique durable pour l'Amérique du Nord

INITIATIVE	AVANTAGES POUR L'AMÉRIQUE DU NORD	PRINCIPAUX ÉCHÉANCIERS
Développer la collaboration en matière de sciences et de technologie.	Nos pays collaboreront à la promotion de sources et de technologies énergétiques plus propres et plus efficaces.	D'ici juin 2006, tenir des réunions des trois gouvernements afin d'étudier les possibilités d'une démarche coopérative plus poussée dans divers domaines de recherche et de développement, entre autres : o hydrates de méthane o ressources non classiques de gaz naturel o récupération assistée du pétrole o partenariats régionaux pour le piégeage du carbone o initiative nord-américaine pour le charbon épuré o recherche et développement conjoints en technologies pétrolières et gazières o hydrogène o projet d'écohabitat écoénergétique, La Casa Nueva o atelier sur les sables bitumineux : chimie des combustibles et émissions Déterminer s'il y a des possibilités de partenariat entre les secteurs public et privé. D'ici juin 2006, se mettre d'accord sur les domaines propres à une coopération plus poussée en recherche et développement. Continuer à poursuivre la mise au point de nouveaux instruments juridiques permettant de faire avancer la coopération en sciences et technologies, notamment pour les transferts financiers et la propriété intellectuelle.

Énergie : création d'une économie énergétique durable pour l'Amérique du Nord

INITIATIVE	AVANTAGES POUR L'AMÉRIQUE DU NORD	PRINCIPAUX ÉCHÉANCIERS
Rehausser la collaboration en matière d'efficacité énergétique.	Ces efforts aboutiront à une coopération accrue pour la promotion de l'efficacité énergétique en ce qui concerne notamment l'harmonisation des étiquettes de promotion et les normes de rendement énergétique, et renforcer les normes nord-américaines en matière d'efficacité énergétique.	D'ici janvier 2006, mettre sur pied un programme de collaboration devant permettre l'échange de renseignements et de pratiques exemplaires, et la mise en œuvre d'activités en vue de promouvoir l'efficacité énergétique en Amérique du Nord et d'améliorer le rendement du carburant des véhicules.
Accroître la coopération en matière de réglementation.	Les trois pays reconnaissent que la coordination efficace de leurs efforts respectifs servira l'intérêt public en procurant de meilleurs résultats et favorisera une action rapide et coordonnée en vue de réaliser des projets d'infrastructure énergétique d'envergure et de réduire les coûts pour les organismes gouvernementaux et les entités réglementées. Tous conviennent que les efforts de l'Office national de l'énergie, de la Federal Energy Regulatory Commission et de la Comisión Reguladora de Energía seraient facilités s'il s'établissait une communication et une coopération accrues en matière d'échéanciers et de procédures sur les questions connexes dont les trois organismes peuvent être saisis.	Juin : Annoncer l'établissement d'un groupe trilatéral d'organismes de réglementation qui se réunira trois fois par an (tous les quatre mois) pour discuter des questions qui touchent les projets énergétiques transfrontaliers.

Énergie : création d'une économie énergétique durable pour l'Amérique du Nord

INITIATIVE	AVANTAGES POUR L'AMÉRIQUE DU NORD	PRINCIPAUX ÉCHÉANCIERS
Accroître la collaboration en matière d'approvisionnement en électricité.	Une priorité pour nos trois pays est la fiabilité de l'approvisionnement en électricité grâce à l'interconnexion des réseaux.	Juin : Annoncer l'établissement d'un groupe de travail sur la fiabilité de l'approvisionnement en électricité qui coordonnera les consignes que le Canada et les États-Unis donneront au North American Electric Reliability Council et aux conseils régionaux quant à la mise sur pied d'une organisation sur la fiabilité des services d'électricité de portée internationale. Le Mexique participera au groupe de travail à titre d'observateur. Un atelier public a eu lieu en juin 2005 sur l'ébauche des « Principes d'une organisation sur la fiabilité des services d'électricité, capable d'un fonctionnement de portée internationale », auquel participeront des représentants de gouvernements, d'organismes de réglementation et d'autres parties intéressées.
	Les trois pays doivent coordonner leurs efforts dans des dossiers de restructuration qui peuvent avoir une incidence sur la transmission et sur l'accès, ainsi que sur des questions de conception des marchés et d'investissement qui influencent les marchés nord-américains.	D'ici la fin 2005, tenir un atelier trilatéral sur les infrastructures transfrontalières d'approvisionnement en électricité, auquel participeront des représentants des industries électriques et d'autres parties intéressées.
	Le recours accru à l'énergie renouvelable (notamment dans le domaine de la génération de l'électricité) peut aider les trois pays à rendre leur approvisionnement en énergie plus sûr et à améliorer l'environnement.	D'ici janvier 2006, convoquer les intervenants pour discuter d'une coopération possible en matière d'énergie renouvelable.

Énergie : création d'une économie énergétique durable pour l'Amérique du Nord

INITIATIVE	AVANTAGES POUR L'AMÉRIQUE DU NORD	PRINCIPAUX ÉCHÉANCIERS
	La mise au point d'un site Web public rendra l'information sur les questions de réglementation de l'électricité plus transparente et disponible pour toutes les parties intéressées, fera la promotion du commerce de l'électricité en Amérique du Nord et offrira un moyen d'assurer une meilleure communication entre les intervenants et les organismes gouvernementaux.	D'ici le printemps 2006, lancer un site Web pour offrir des renseignements opportuns sur les mesures de réglementation de l'électricité prises dans chaque pays qui auront une incidence sur le commerce transfrontalier de l'électricité.

Énergie : création d'une économie énergétique durable pour l'Amérique du Nord

INITIATIVE	AVANTAGES POUR L'AMÉRIQUE DU NORD	PRINCIPAUX ÉCHÉANCIERS
Assurer une plus grande production économique à partir des sables bitumineux.	Les pays d'Amérique du Nord collaboreront pour définir les enjeux des marchés, des infrastructures et des capacités de raffinerie, et pour mettre au point des technologies en vue de réduire les coûts et les répercussions environnementales de la production du pétrole à partir de sables bitumineux, afin de promouvoir le développement durable optimal des ressources en sables bitumineux.	Le Mexique participera à titre d'observateur. D'ici janvier 2006, à partir de discussions conjointes avec les principaux intervenants et les experts scientifiques, publier un rapport qui traite des aspects du développement du marché des produits des sables bitumineux à moyen terme et à long terme, et qui présente les conséquences d'une pénétration accrue du marché des sables bitumineux au niveau des infrastructures et des raffineries. D'ici juin 2006, à partir des résultats de l'atelier de juin 2005 concernant une carte routière pour la chimie des sables bitumineux et les émissions de moteurs, publier un document qui étudiera les options futures de l'Amérique du Nord en matière de carburant, les répercussions qu'aura sur les marchés la production à partir des sables bitumineux, et les conséquences pour les sociétés de raffinage et les infrastructures. D'ici juin 2007, produire un mémoire qui examinera les perspectives à long terme, au Canada et aux États-Unis, de la récupération assistée du pétrole à partir des sables bitumineux, à l'aide du gaz carbonique.

Énergie : création d'une économie énergétique durable pour l'Amérique du Nord

INITIATIVE	AVANTAGES POUR L'AMÉRIQUE DU NORD	PRINCIPAUX ÉCHÉANCIERS
Accroître la collaboration dans le secteur du gaz naturel.	Cette initiative abordera une série de questions concernant le marché du gaz naturel en Amérique du Nord, y compris la production, le transport, la transmission, la distribution, la consommation, le commerce, les interconnexions, le gaz naturel liquéfié et les projections pour l'avenir. Cette initiative met l'accent également sur la transparence des règlements, des lois et des processus de sélection des emplacements dans les trois pays, afin d'encourager une amélioration du commerce et des investissements régionaux. Grâce à cette initiative, on arrivera à mieux comprendre et à mieux connaître le marché énergétique nord-américain, ce qui améliorera la sécurité énergétique et donc le développement économique de la région.	D'ici août 2005, publier la version imprimée du rapport *Vision du marché nord-américain du gaz naturel* (ce rapport a été publié sur Internet en février 2005). D'ici juin 2006, tenir un atelier pour discuter des enjeux du marché du gaz naturel avec les parties intéressées – ce qui permettrait d'entendre leur point de vue sur cette question – et examiner les règlements et les processus de sélection des emplacements dans chaque pays pour les grands projets de pipelines et pour les terminaux d'importation du gaz naturel liquéfié. D'ici juin 2007, lancer un site Web qui permettra d'afficher les modifications apportées aux règlements, et d'autres renseignements concernant l'industrie et de permettre aux intervenants de faire des commentaires interactifs concernant leurs besoins et les questions qui les intéressent.
Rehausser la collaboration dans le secteur nucléaire.	Les trois pays profiteront du partage de l'information et des pratiques exemplaires à l'égard de plusieurs questions touchant l'application de la technologie nucléaire et la production et l'utilisation sécuritaires de l'énergie nucléaire.	D'ici décembre 2005, organiser et tenir la première réunion d'un groupe d'experts du nucléaire dans le cadre du Groupe de travail nord-américain sur l'énergie qui existe déjà au niveau des fonctionnaires supérieurs. D'ici juin 2006, élaborer un plan de travail coopératif. D'ici juin 2007, explorer la possibilité d'une deuxième ronde d'initiatives et s'entendre sur sa tenue.

Énergie : création d'une économie énergétique durable pour l'Amérique du Nord

INITIATIVE	AVANTAGES POUR L'AMÉRIQUE DU NORD	PRINCIPAUX ÉCHÉANCIERS
Rehausser la collaboration en en matière d'hydrocarbures.	Cet effort facilitera l'échange d'opinions, d'expériences, d'informations et de pratiques exemplaires dans le secteur des hydrocarbures, afin de renforcer la collaboration dans ce secteur à l'échelle de l'Amérique du Nord.	D'ici juin 2006, tenir des ateliers concernant ces questions.
Accroître la transparence et la coordination en matière d'information, de statistiques et de projections concernant l'énergie.	De meilleurs renseignements sur le commerce trilatéral de l'énergie permettront aux gouvernements et aux industries d'Amérique du Nord de prendre des décisions plus éclairées.	D'ici janvier 2006, publier une version révisée, mise à jour et traduite du document *La situation énergétique en Amérique du Nord*, qui a été élaboré d'abord de façon trilatérale en 2002. D'ici juin 2007, entreprendre des efforts conjoints de modélisation.

Environnement

Environnement

INITIATIVE	AVANTAGES POUR L'AMÉRIQUE DU NORD	PRINCIPAUX ÉCHÉANCIERS
Air pur		
Réduire le soufre dans les carburants.	La réduction des émissions de soufre contribuera à une amélioration de la qualité de l'air et de la santé pour les Nord-américains.	D'ici mars 2006, augmenter au Mexique l'offre intérieure de carburants à faible teneur en soufre. Le Mexique fera des investissements importants pour réaliser ce projet, avec l'assistance technique et le soutien au renforcement des capacités offerts par les États-Unis et le Canada.
S'attaquer au problème de la pollution de l'air causée par les navires.	De meilleures données constituent le premier pas vers le renforcement de nos efforts destinés à réduire la pollution de l'air causée par les navires.	D'ici mars 2006, commencer à s'attaquer au problème de la pollution de l'air causée par les navires au moyen de la collecte coordonnée des données, de l'élaboration d'un inventaire des émissions marines et de la modélisation de la qualité de l'air.
Faire rapport sur la qualité de l'air en Amérique du Nord.	La communication de rapports sur la qualité de l'air aidera à sensibiliser le public aux questions environnementales.	D'ici mars 2006, élaborer des méthodes pour la communication de rapports sur la qualité de l'air en Amérique du Nord.
Eau propre		
Examen conjoint, par le Canada et les États-Unis, de l'Accord relatif à la qualité de l'eau dans les Grands Lacs.	L'examen est une occasion de s'assurer que l'Accord continue d'être une déclaration visionnaire qui guide non seulement les gouvernements mais aussi la population de la région dans la protection et la restauration constantes des Grands Lacs.	D'ici mars 2006, lancer un examen conjoint de l'Accord Canada –États-Unis relatif à la qualité de l'eau dans les Grands Lacs.

Environnement

INITIATIVE	AVANTAGES POUR L'AMÉRIQUE DU NORD	PRINCIPAUX ÉCHÉANCIERS
Œuvrer de façon trilatérale en vue d'améliorer la qualité de l'eau partout en Amérique du Nord.	Un meilleur partage des données concernant l'approvisionnement en eau potable salubre favorisera la diffusion de pratiques exemplaires et la prise de décisions éclairées par les responsables.	D'ici mars 2006, améliorer le partage des données concernant les politiques et les actions en vue d'assurer l'approvisionnement en eau potable salubre, y compris l'établissement d'un portail sur Internet.

Espèces étrangères envahissantes

Œuvrer de façon trilatérale pour recenser les espèces étrangères envahissantes qui préoccupent les trois pays, et élaborer une stratégie pour réduire les effets environnementaux et économiques de ces espèces dans nos trois pays.	Les stratégies conjointes en matière d'espèces étrangères envahissantes réduiront la probabilité de l'introduction et de la propagation de ces espèces en Amérique du Nord.	D'ici mars 2006, des experts techniques se réuniront pour dresser une liste, par ordre prioritaire, des problèmes relatifs aux espèces envahissantes en Amérique du Nord, et ils repéreront dans les mécanismes existants les lacunes dont on pourrait s'occuper au niveau trilatéral en vue de mieux contrôler la propagation des espèces étrangères envahissantes.
Gestion de l'eau de lestage.	Une meilleure gestion de l'eau de lestage réduira les coûts environnementaux et économiques liés à certaines espèces aquatiques étrangères envahissantes, telles que la moule zébrée.	D'ici mars 2006, promouvoir des stratégies de gestion de l'eau de lestage en Amérique du Nord, démontrant ainsi notre volonté collective de lutter contre les espèces étrangères envahissantes.

Environnement

INITIATIVE	AVANTAGES POUR L'AMÉRIQUE DU NORD	PRINCIPAUX ÉCHÉANCIERS

Espèces migratoires et biodiversité

Annoncer des efforts coopératifs en vue de conserver des habitats et des routes de migration sûrs pour les espèces migratoires. Ce travail mettra à profit le travail déjà accompli dans ce domaine.

La conservation des principaux habitats offrira une meilleure protection aux espèces migratoires de l'Amérique du Nord.

De meilleures données de surveillance et une collaboration plus poussée aboutiront à des stratégies de conservation plus efficaces pour les mammifères marins.

La collaboration améliorera la gestion des forêts.

Signer la Déclaration d'intention trinationale pour la conservation des oiseaux de l'Amérique du Nord et de leur habitat.

D'ici mars 2006, entreprendre une collaboration accrue pour la surveillance et la conservation des mammifères marins (la baleine grise et le rorqual à bosse) et d'autres espèces de faune migratoire.

D'ici mars 2006, améliorer la coopération trilatérale dans le domaine de la gestion durable des forêts, y compris la formation coopérative pour la prévention des feux de forêt.

Environnement

INITIATIVE	AVANTAGES POUR L'AMÉRIQUE DU NORD	PRINCIPAUX ÉCHÉANCIERS
Océans		
Collaborer à une planification de gestion pour les ressources marines partagées.	Le renforcement de la collaboration concernant l'observation et la gestion des océans et la protection des habitats aidera à préserver l'intégrité de nos milieux marins communs.	D'ici mars 2006, préparer l'ébauche d'un plan pour la mise en œuvre d'un système d'observation de l'océan dans le golfe du Mexique et les Antilles. Ce plan sera la contribution nord-américaine au Système des systèmes globaux d'observation de la Terre. D'ici mars 2006, élaborer des options pour faire progresser l'observation de l'océan Arctique, comme contribution à l'Année polaire internationale 2007-2008. D'ici mars 2006, améliorer la collaboration dans le cadre de la mise en œuvre de méthodes écosystémiques de gestion des océans. D'ici mars 2006, améliorer l'échange des données et élaborer, s'il y a lieu, des stratégies pour les zones de protection marines complémentaires, et surtout les habitats des espèces migratoires et les habitats écosensibles.
Évaluation des impacts environnementaux transfrontaliers		
Les entités participantes travaillent en vue de conclure une entente de coopération relative à l'évaluation des impacts environnementaux transfrontaliers des projets proposés.	En réduisant au minimum l'impact des projets sur l'environnement, on aidera à conserver la santé environnementale.	D'ici octobre 2005, on aura élaboré un mandat pour l'étude d'un plan de travail trilatéral. D'ici juin 2007, les instances compétentes de chacun des pays tenteront de conclure une entente de coopération relative à l'évaluation des impacts environnementaux transfrontaliers des projets proposés.

ALIMENTATION ET AGRICULTURE

Alimentation et agriculture : accroître la salubrité des aliments et faciliter le commerce

INITIATIVE	AVANTAGES POUR L'AMÉRIQUE DU NORD	PRINCIPAUX ÉCHÉANCIERS
Établir ou désigner un mécanisme de coordination de la salubrité des aliments pour l'Amérique du Nord. En particulier : - collaborer à la conception et à l'élaboration de normes communes; - examiner les normes actuelles en matière de salubrité des aliments en vue de cerner et d'évaluer les différences, sur une base scientifique, et de les supprimer lorsque cela est justifié et approprié; - échanger des renseignements sur les questions touchant la salubrité des aliments; - collaborer efficacement à la prise de positions nationales pour appuyer les organismes internationaux responsables de l'établissement de normes de salubrité des aliments.	Protégera le public contre les dangers liés à la salubrité des aliments tout en facilitant le commerce et en favorisant l'efficacité économique.	D'ici mars 2006, un groupe de travail trilatéral recommandera des options aux fins de la mise en place d'un mécanisme de coordination. D'ici mars 2006, soumettre pour examen une liste de normes classées par ordre de priorité. D'ici septembre 2006, examiner et comparer les normes alimentaires retenues et évaluer le fondement scientifique des différences constatées. D'ici mars 2007, établir ou désigner un mécanisme efficace de coordination de la salubrité des aliments pour faciliter l'élaboration concertée de normes nord-américaines communes, s'il y a lieu, et l'élimination des différences constatées entre les normes lorsque cela est justifié et approprié. D'ici mars 2006, explorer des façons d'assurer une meilleure coordination entre les partenaires de l'ALENA en ce qui concerne les normes codex et l'établissement de normes internationales.

Alimentation et agriculture : accroître la salubrité des aliments et faciliter le commerce

INITIATIVE	AVANTAGES POUR L'AMÉRIQUE DU NORD	PRINCIPAUX ÉCHÉANCIERS
Accélérer, à l'échelle de l'Amérique du Nord, le repérage des dangers causés par les maladies d'origine alimentaire de même que des maladies animales et végétales, améliorer la gestion des mesures prises face à aux et reprendre plus rapidement les activités par la suite. En particulier : - politiques relatives à l'importation/l'inspection à la frontière; - coordination des mesures phytosanitaires par l'Organisation nord-américaine pour la protection des plantes;	Protégera mieux le public contre les dangers liés à la salubrité des aliments tout en protégeant les ressources animales et végétales de l'Amérique du Nord contre les maladies et les ravageurs. Facilitera la reprise des activités à la suite d'éclosions ou d'incidents, notamment en atténuant les répercussions commerciales et économiques.	D'ici décembre 2005, explorer des façons de mettre en œuvre la transmission électronique trilatérale des certificats de salubrité de la viande et de la volaille et de santé des animaux et des plantes ainsi que les certificats relatifs à d'autres produits désignés. D'ici septembre 2006, mener un projet pilote dans un secteur de programme, et d'ici décembre 2006, rendre compte de la faisabilité de la délivrance de certificats électroniques. D'ici mars 2006, élaborer des procédures normalisées de notification et de suivi dans les cas de non-conformité. D'ici mars 2007, élaborer des approches communes à l'égard des inspections d'animaux vivants à la frontière. D'ici mars 2007, explorer des façons d'établir des critères de certification communs, dans les cas où des certificats sont requis. D'ici juin 2006, élaborer des procédures et des critères normalisés à l'échelle de l'Amérique du Nord pour désigner des zones exemptes de parasites. D'ici mars 2006, élaborer une approche commune afin de normaliser les mesures réglementaires prises en réponse à la détection de la rouille du soja (*Phakopsora pachyrhizi*), en fonction du risque phytosanitaire qu'elle présente pour chaque pays. D'ici juin 2006, terminer la norme réglementaire relative aux importations nord-américaines de matériel propagateur.

Alimentation et agriculture : accroître la salubrité des aliments et faciliter le commerce

INITIATIVE	AVANTAGES POUR L'AMÉRIQUE DU NORD	PRINCIPAUX ÉCHÉANCIERS
		D'ici juin 2006, conclure un protocole conjoint sur le mouvement commercial des agents de biocontrôle. D'ici décembre 2006, explorer la faisabilité de programmes de prédédouanement conjoints des produits végétaux expédiés en Amérique du Nord. D'ici mars 2007, mener conjointement des vérifications/évaluations des programmes de certification de certains produits végétaux.
- initiatives intéressant la santé animale;		D'ici juin 2005, harmoniser les procédures d'importation à l'échelle de l'Amérique du Nord aux fins de gestion de l'encéphalopathie spongiforme bovine (ESB). D'ici mars 2006, examiner les procédures et en explorer de nouvelles relativement à l'alimentation des animaux, à la surveillance et à la gestion des risques afin d'optimiser la gestion de l'encéphalopathie spongiforme transmissible (EST) dans le contexte nord-américain et en faire rapport. D'ici juin 2006, élaborer des procédures harmonisées d'atténuation et de gestion des risques applicables à l'échelle de l'Amérique du Nord, y compris la compartimentation (régionalisation/zones non contaminées), en fonction de la situation quant à la santé animale. D'ici juin 2006, modifier les protocoles actuels de manière à autoriser le transport de produits en territoire américain lorsque ce transport ne pose aucun risque pour les États-Unis.

Alimentation et agriculture : accroître la salubrité des aliments et faciliter le commerce

INITIATIVE	AVANTAGES POUR L'AMÉRIQUE DU NORD	PRINCIPAUX ÉCHÉANCIERS
		D'ici mars 2007, mettre en place dans chacun des pays les dispositions réglementaires nécessaires pour mettre en œuvre la procédure d'importation harmonisée aux fins de gestion de l'ESB
- médicaments et produits biologiques à usage vétérinaire;		D'ici mars 2007, examiner et explorer des normes techniques communes pour démontrer la sûreté et l'efficacité des produits de santé animale homologués/réglementés (médicaments et produits biologiques à usage vétérinaire), lorsque ces produits peuvent causer des maladies animales ou des zoonoses (p. ex. ESB, fièvre aphteuse) ou provoquer la résistance aux antimicrobiens, et en faire rapport. D'ici mars 2007, rendre compte des approches employées à l'égard de l'approbation des médicaments et vaccins à usage vétérinaire, des différences constatées et de la faisabilité d'une harmonisation accrue.
- étiquetage.		D'ici mars 2007, à l'aide de mécanismes trilatéraux, explorer des approches communes en matière d'étiquetage, s'il y a lieu, pour ce qui a trait à des éléments importants comme la nutrition, les allergènes, les méthodes de production et de conditionnement, les matières organiques, le pays d'origine, les ingrédients mis en relief et les représentations fallacieuses.

Alimentation et agriculture : accroître la salubrité des aliments et faciliter le commerce

INITIATIVE	AVANTAGES POUR L'AMÉRIQUE DU NORD	PRINCIPAUX ÉCHÉANCIERS
Tenter de concilier les divergences quant aux limites maximales de résidu qui peuvent entraver le commerce, et entreprendre des examens conjoints de l'homologation des pesticides.	Favorise une uniformité accrue de la réglementation des pesticides en Amérique du Nord. Améliore la protection du public tout en facilitant le commerce et l'efficacité économique.	D'ici septembre 2005, achever de concert la collecte de données au sujet des produits antiparasitaires utiles aux producteurs de cultures sur surfaces réduites. (*Nota* : Les cultures sur surfaces réduites comprennent la plupart des fruits, des noix et des légumes.) Ensuite, d'ici décembre 2005, sélectionner des produits antiparasitaires qu'examineront conjointement les gouvernements et les intervenants, puis d'ici mars 2006, terminer les examens conjoints aux fins de l'approbation simultanée de produits antiparasitaires sélectionnés. D'ici décembre 2005, élaborer une stratégie à long terme de réduction des irritants/risques commerciaux dans le secteur des légumineuses ainsi que de règlement des différends commerciaux jugés prioritaires par les intervenants. D'ici décembre 2006, à l'issue d'une réévaluation en profondeur, rendre publiques les analyses des risques finales des agents industriels de préservation du bois. D'ici septembre 2006, terminer l'examen de 4 ou 6 produits chimiques classiques.

Alimentation et agriculture : améliorer la coordination entre les laboratoires

INITIATIVE	AVANTAGES POUR L'AMÉRIQUE DU NORD	PRINCIPAUX ÉCHÉANCIERS
Accroître la capacité en mettant à profit les connaissances et la technologie du réseau nord-américain de laboratoires spécialisés dans l'étude des maladies animales exotiques, et notamment recenser les méthodes et repérer le rendement équivalent de méthodes de diagnostic et de détection de certaines maladies animales comme l'ESB et la grippe aviaire.	Améliore la capacité des laboratoires vétérinaires d'appuyer les mesures de prévention et d'intervention en Amérique du Nord, en particulier dans le cas de maladies animales qui représentent une menace pour la santé humaine.	D'ici juin 2005, recenser les programmes en vue de répertorier les méthodes de diagnostic de certaines maladies animales comme l'ESB et la grippe aviaire et de repérer les méthodes dont le rendement est équivalent. D'ici mars 2007, établir un ordre de priorité, évaluer les méthodes et leur rendement en ce qui concerne certaines maladies animales et rendre compte des constatations.
Améliorer la capacité en mettant à profit les connaissances et la technologie des laboratoires phytosanitaires au moyen de l'établissement d'un réseau qui permettrait de recenser les méthodes équivalentes de détection et de repérage, de surveillance et d'évaluation des risques en ce qui concerne les infestations et les ravageurs des végétaux.	Améliore la capacité des laboratoires d'appuyer les mesures de prévention et d'intervention dans le cas d'infestations et de ravageurs des végétaux qui représentent un danger pour les forêts et les cultures nord-américaines et les activités économiques connexes.	D'ici mars 2006, établir un réseau de laboratoires phytosanitaires comparable du réseau nord-américain de laboratoires spécialisés dans l'étude des maladies animales exotiques. D'ici mars 2009, recenser les méthodes équivalentes de diagnostic pour la détection et le repérage, la surveillance et l'évaluation des risques des ravageurs et des infestations des végétaux.

Alimentation et agriculture : améliorer la coordination entre les laboratoires

INITIATIVE	AVANTAGES POUR L'AMÉRIQUE DU NORD	PRINCIPAUX ÉCHÉANCIERS
Déterminer le groupe/mécanisme approprié pour faciliter l'exécution des initiatives liées aux laboratoires de sûreté des aliments. En particulier : - évaluer, au moyen de critères de rendement convenus, différentes méthodes d'analyse, et en reconnaître l'équivalence, le cas échéant; - renforcer l'assurance de la qualité dans les secteurs prioritaires en matière de sûreté des aliments; - renforcer la confiance par la participation trilatérale à des programmes de formation, l'échange d'information et la participation à des essais d'aptitude.	Améliore la capacité des laboratoires pour protéger mieux le public contre les dangers liés à la salubrité des aliments.	D'ici janvier 2006, charger un groupe de travail de recenser les forums trilatéraux actuels de coopération entre laboratoires en veillant à inclure tous les organismes de réglementation compétents. D'ici mars 2006, désigner ou établir le groupe/mécanisme approprié. D'ici janvier 2007, définir les critères de rendement pour évaluer les méthodes d'analyse. D'ici décembre 2007, cerner les secteurs d'intérêt commun dont l'équivalence doit être évaluée. D'ici mars 2008, entreprendre l'évaluation des méthodes d'analyse. D'ici décembre 2008, établir l'équivalence des méthodes d'analyse sélectionnées. D'ici mars 2006, mettre en commun les procédures et pratiques d'assurance et de contrôle de la qualité des laboratoires. D'ici mars 2007, échanger des renseignements sur les essais d'aptitude auxquels participe chaque pays, puis cerner et combler toute lacune. D'ici janvier 2006, participer à la formation en microbiologie et en chimie dans le cadre du système d'intervention d'urgence en cas de dangers causés par les aliments. D'ici mars 2006, les trois pays participeront aux procédures/cours de laboratoire généraux offerts par le Canada et le Mexique.

ALIMENTATION ET AGRICULTURE : ACCROÎTRE LA COOPÉRATION DANS LA RÉGLEMENTATION DE LA BIOTECHNOLOGIE AGRICOLE

INITIATIVE	AVANTAGES POUR L'AMÉRIQUE DU NORD	PRINCIPAUX ÉCHÉANCIERS
Continuer de soutenir l'effort de collaboration au sein de l'Initiative nord-américaine de biotechnologie aux fins de la mise au point, de la coordination et du classement par ordre de priorité de diverses activités biotechnologiques. En particulier : - travailler à élaborer des approches communes à l'égard des politiques de réglementation applicables aux produits de la biotechnologie; - collaborer et échanger des renseignements sur les activités internationales en biotechnologie.	Favorise une uniformité accrue dans la réglementation des produits de la biotechnologie. Rehausse la sûreté des aliments tout en facilitant le commerce et l'activité économique.	D'ici mars 2006, étendre les échanges techniques actuels entre le Canada et les États-Unis en matière de réglementation, de manière à inclure les organismes de réglementation mexicains et à officialiser les échanges trilatéraux périodiques. D'ici mars 2006, mettre sur pied au Mexique des ateliers de formation des évaluateurs des risques. D'ici mars 2007, officialiser les téléconférences intersessionnelles de l'Initiative nord-américaine de biotechnologie, qui se tiennent au besoin pour discuter de questions biotechnologiques soumises à des instances internationales comme le forum de Coopération économique Asie-Pacifique, la Commission du Codex Alimentarius, l'Organisation de coopération et de développement économiques et la Convention sur la diversité biologique.

Santé

Santé : établir des protocoles d'assistance mutuelle et de soutien dans les situations d'urgence transfrontalières

INITIATIVE	AVANTAGES POUR L'AMÉRIQUE DU NORD	PRINCIPAUX ÉCHÉANCIERS
Rédiger et signer des protocoles canado-américain et américano-mexicain d'assistance mutuelle et de soutien en cas d'urgence transfrontalière dans le domaine de la santé publique.*	L'adoption de protocoles dans ce domaine permettra une circulation fluide et efficace des ressources de part et d'autre de nos frontières pendant les situations d'urgence sanitaire. L'échange de listes d'agents de liaison et de personnes-ressources en cas d'urgence permettra de mettre en commun l'information rapidement dès le départ, et contribuera à maintenir la confiance mutuelle pendant les situations d'urgence. La mise à l'essai des protocoles et les efforts déployés pour régler les empêchements légaux, comme les exigences touchant l'autorisation d'exercer afin de permettre le passage des ressources humaines aux frontières, contribueront à améliorer la coordination grâce à un recensement des lacunes et des leçons tirées et grâce à une accélération du flot de professionnels médicaux qui pourront traverser les frontières dans les situations d'urgence. Une fois terminées, ces initiatives permettront une circulation plus facile, plus efficace et plus rapide des renseignements vitaux dans les situations de crise.	Mettre sur pied un groupe de travail chargé de dresser une liste des problèmes de responsabilité et des obstacles légaux qu'il faudra régler en matière de réciprocité avant l'échange de matériel et de personnel médical dans une situation d'urgence, d'ici mars 2006. Le Canada et les États-Unis échangeront des agents de liaison à temps plein entre les organismes nationaux de santé publique et mettront en commun les listes de personnes-ressources en cas d'urgence, d'ici mars 2006. Le Mexique établira des mécanismes pour échanger des agents de liaison avec le Canada et les États-Unis. Tenir des exercices trimestriels afin de tester les protocoles de communication d'urgence 24/7/365 d'ici mars 2006. Évaluer et mettre en œuvre des plans de soins aux nombreuses victimes d'une catastrophe transfrontalière et créer un portail d'autorisation réciproque d'exercer les professions médicales, d'ici juin 2006. Élaborer et signer un accord bilatéral de mise en commun de l'information sur les activités d'application et sur les situations d'urgence, d'ici juin 2006.

Santé : une Amérique du Nord plus saine

INITIATIVE	AVANTAGES POUR L'AMÉRIQUE DU NORD	PRINCIPAUX ÉCHÉANCIERS
Élaborer un plan nord-américain sur les pandémies de grippe.*	La menace d'une pandémie de grippe exige de la part des trois gouvernements une planification et une préparation concertées. Les réactions et les interventions dans les cas de pandémie exigent une collaboration et une coordination tant au niveau national qu'au niveau international afin de réduire au maximum les répercussions sur la santé de la population et les effets éventuels sur la société, l'économie et le système de soins de santé du pays touché.	Préparer et compléter un plan nord-américain concernant la grippe, d'ici 2006. Examiner la possibilité d'établir un calendrier de recherche coordonnée sur la grippe, et notamment évaluer les programmes d'immunisation et assurer le suivi et la mise à jour des projets de recherche clinique sur les vaccins contre les pandémies de grippe au cours des 12 prochains mois.
Renforcer l'Initiative de protection de la santé mondiale (IPSM).*	En collaborant et en participant à des forums comme l'IPSM, le Canada, les États-Unis et le Mexique seront en mesure de mieux se préparer et d'intervenir en cas de pandémie de grippe. Par l'entremise des forums multilatéraux existants dans le domaine de la protection de la santé, nous atteindrons une meilleure interopérabilité et une plus grande harmonie dans notre préparation en vue de la perpétration d'actes bioterroristes et d'éventuelles situations d'urgence touchant la santé publique. Le fait d'élaborer et d'évaluer des approches stratégiques pour l'utilisation de vaccins et de médicaments antiviraux permettra de contrôler et/ou de ralentir une flambée de la grippe aviaire chez les humains. L'harmonisation des démarches en matière de quarantaine et de médecine des voyages	Au cours de 9 prochains mois, profiter des discussions ayant lieu dans les autres tribunes (p. ex. l'IPSM et l'Organisation mondiale de la santé) pour améliorer l'état de préparation du Canada et des États-Unis aux pandémies (p. ex. élaborer et évaluer des démarches stratégiques à l'égard de l'utilisation des vaccins et des médicaments antiviraux). Poursuivre les exercices simulés de pandémie de grippe sur maquette. Partager l'information et élaborer des plans communs de quarantaine, de médecine de voyage et d'isolation en cas d'épidémie transfrontalière de maladie infectieuse, d'ici mars 2006. Préparer et tester une infrastructure de déclaration avancée des cas fonctionnelle en tout temps, et mettre en œuvre des plans de contrôle et de confinement, d'ici juin 2006.

Santé : une Amérique du Nord plus saine

INITIATIVE	AVANTAGES POUR L'AMÉRIQUE DU NORD	PRINCIPAUX ÉCHÉANCIERS
	réduira les écarts entre les modes d'intervention de chacun des pays et facilitera à la fois le contrôle des maladies et les communications publiques. L'harmonisation des politiques sur la préparation au bioterrorisme réduira au maximum tout écart entre les approches de chaque pays et assurera la mise en place de normes communes à toute l'Amérique du Nord. Le fait d'être en mesure de réagir à une épidémie de variole n'importe où en Amérique du Nord protégera l'ensemble des citoyens.	Organiser des ateliers clés, d'ici juin 2007 : - sur la peste et la tularémie; - sur la détection des agents de bioterrorisme dans l'environnement; - sur la variole phase II; - sur la surveillance des alertes avancées de maladies infectieuses. Adopter des positions communes sur les lignes directrices à suivre pour le transport international du matériel de diagnostic et des échantillons, d'ici mars 2006. Mettre la dernière main à un cadre opérationnel de gestion et de mise en œuvre d'une réserve mondiale de vaccins contre la variole (par l'entremise du Comité spécial d'experts sur l'orthopox de l'Organisation mondiale de la santé), d'ici juin 2006.
Partager l'information et les leçons tirées des activités d'accumulation de réserves.*	En aidant le Mexique à accumuler des réserves à faible coût afin qu'il puisse répondre à ses propres besoins, l'état de préparation dans l'ensemble de l'Amérique du Nord s'en trouvera améliorée.	Fournir une aide technique au Mexique à l'égard de l'accumulation de ses réserves, d'ici mars 2006. Terminer les évaluations conjointes canado-américaines et américano-mexicaines de l'accumulation de réserves de vaccins et d'antidotes dans les 9 prochains mois, et par la suite, reprendre l'exercice de façon régulière.

Santé : une Amérique du Nord plus saine

INITIATIVE	AVANTAGES POUR L'AMÉRIQUE DU NORD	PRINCIPAUX ÉCHÉANCIERS
Coordonner les activités de surveillance et de laboratoire.*	Notre travail de coordination des activités de surveillance et de laboratoire fera en sorte que les renseignements et les données seront échangés de façon rapide et efficace et à faible coût. Cette démarche apportera d'énormes avantages en ce qui concerne les sciences et la prise de décisions au Canada, au Mexique et aux États-Unis. L'accroissement de la quantité de renseignements disponibles contribuera à accélérer les percées scientifiques, ce qui permettra en bout de ligne d'améliorer les politiques, les programmes et les interventions en cas de maladies infectieuses ou d'incidents relatifs à ces dernières. Plutôt que de réagir à des événements négatifs, ces initiatives abordent de façon proactive les défis de la technologie et de ses applications. Les efforts que nous déployons pour améliorer les programmes de formation chimique, biologique, radiologique et nucléaire axés sur le Web dans les laboratoires de biosécurité permettront de développer les compétences d'un plus grand nombre de gens plus rapidement. Le contrôle accru des pathogènes dangereux réduira le risque d'acquisition et d'utilisation intentionnelles de ces mêmes pathogènes.	Mettre la dernière main au protocole d'entente canado-américain touchant le partage des données sur la surveillance en laboratoire des maladies infectieuses et des pathogènes (PulseNet, un système de surveillance des maladies infectieuses en laboratoire), d'ici mars 2006. Au cours des 9 à 24 prochains mois, améliorer les systèmes de surveillance des maladies infectieuses, la formation et les systèmes d'intervention du Canada, des États-Unis et du Mexique : - élaborer, évaluer et perfectionner un programme et un système de formation chimique, biologique, radiologique et radionucléaire axé sur le Web; - examiner la faisabilité d'un système de suivi et de contrôle des pathogènes dangereux pour l'humain afin de surveiller le mouvement de ces agents en Amérique du Nord; - examiner des mécanismes et des protocoles en vue de créer un système transfrontalier interopérable de surveillance des alertes avancées de maladies infectieuses; - élaborer conjointement des protocoles et des méthodes avec le réseau de laboratoires (Laboratory Response Network) existant. Offrir un soutien permanent au Mexique au cours des 36 prochains mois afin : - de lui permettre de devenir membre à part entière du Laboratory Response Network; - de former le personnel œuvrant dans le domaine des maladies infectieuses à la biosécurité et aux activités de laboratoire; - de lui permettre de se doter d'une capacité en matière de réseaux de laboratoires.

Santé : une Amérique du Nord plus saine

INITIATIVE	AVANTAGES POUR L'AMÉRIQUE DU NORD	PRINCIPAUX ÉCHÉANCIERS
Élaborer une cartographie affichable sur le Web de l'activité du virus du Nil au Canada et aux États-Unis.*	Le repérage, le suivi et l'enrichissement des connaissances sur le virus du Nil aideront le Canada et les États-Unis à mieux protéger la santé de la population et à assurer davantage sa sécurité grâce à des politiques et des programmes améliorés qui protègent les résidents et les visiteurs des deux pays. Les avantages et les leçons tirées de cette initiative binationale seront transposés à d'autres projets qui contribueront à la qualité de vie, à la prospérité et à la sécurité à long terme de l'Amérique du Nord.	Élaborer et terminer un système de cartographie canado-américain, d'ici juin 2007.

Santé : une Amérique du Nord plus saine

INITIATIVE	AVANTAGES POUR L'AMÉRIQUE DU NORD	PRINCIPAUX ÉCHÉANCIERS
Déployer davantage d'efforts afin de prévenir les abus d'alcool et le suicide chez les Autochtones et intensifier la recherche et le partage des connaissances au sujet des Autochtones.	L'incidence de l'abus d'alcool et du suicide chez les Autochtones d'Amérique du Nord est beaucoup plus importante que dans la population non autochtone. Les efforts accrus que nous déployons pour prévenir ces problèmes de santé contribueront à améliorer la qualité de vie des populations et des collectivités autochtones. L'état de santé des Autochtones en Amérique du Nord est moins bon que celui de la population non autochtone. Le partage des connaissances et de l'expérience entre les partenaires nord-américains à propos des problèmes de santé des Autochtones et des interventions à cet égard aidera à aborder les principaux sujets de préoccupation et à améliorer la qualité de vie des Autochtones dans toute la région. À long terme, si les Autochtones sont en meilleure santé, ils pourront participer davantage à la vie sociale, économique et culturelle de l'Amérique du Nord.	Élaborer et lancer un site Web canado-américain sur la prévention du suicide et le trouble du spectre de l'alcoolisation fœtale, d'ici juin 2006. Au cours des 36 prochains mois, le Canada et les États-Unis collaboreront à l'égard de la tenue d'un atelier sur les abus d'alcool et de drogue, organiseront un comité international de discussion sur la prévention du suicide et présenteront les principaux résultats et conclusions. D'ici juin 2007, le Canada et les États-Unis : - compléteront une tournée d'étude sur les systèmes de santé autochtones; - échangeront de l'information sur la marche à suivre en matière de prestation de soins de santé; - établiront des projets conjoints de recherche et lanceront des appels de propositions. Dans le cadre prescrit dans leur lettre d'intention de 2004, au cours des 24 prochains mois, le Canada et le Mexique établiront des priorités conjointes, organiseront des ateliers et colloques, et signeront un plan d'action visant à assurer une meilleure coopération à l'égard des questions touchant la santé des Autochtones. Au cours des 36 prochains mois, les États-Unis et le Mexique établiront une collaboration en vue d'élaborer des ateliers, de développer le partage de l'information et de mettre sur pied des projets de recherche relatifs au diabète de type 2 et aux Autochtones.

Santé : une Amérique du Nord plus saine

INITIATIVE	AVANTAGES POUR L'AMÉRIQUE DU NORD	PRINCIPAUX ÉCHÉANCIERS
Recenser et adopter des pratiques exemplaires dans le domaine du maintien de la sécurité, de l'efficacité et de la qualité des produits pharmaceutiques.	La mise en œuvre de pratiques exemplaires et l'harmonisation des normes techniques d'enregistrement des médicaments favorisent l'efficacité et la prévisibilité de la réglementation. Ces activités permettent également une utilisation plus efficace des ressources consacrées au développement des produits et l'élimination des retards inutiles en ce qui a trait au développement et à la disponibilité des nouveaux médicaments, tout en maintenant des normes élevées pour les produits pharmaceutiques ou en améliorant ces normes.	Évaluer les pratiques exemplaires liées aux processus d'examen des produits pharmaceutiques. Examiner la possibilité de recourir aux lignes directrices de la Conférence internationale sur l'harmonisation et adopter des pratiques exemplaires à l'égard du maintien de la sécurité, de l'efficacité et de la qualité des médicaments au cours des 36 prochains mois.
Mettre en place un mécanisme nord-américain destiné à faciliter les échanges d'information sur la sécurité des produits pharmaceutiques et, ce faisant, protéger et promouvoir la santé publique en Amérique du Nord.	Ce mécanisme accélérera les échanges d'information entre les instances responsables de la réglementation en cette matière concernant les produits pharmaceutiques qui menacent la santé des êtres humains. Il renforcera aussi nos capacités de coordonner les interventions destinées à protéger la santé publique en Amérique du Nord.	Les mécanismes prescrits d'échange d'information seront en place, d'ici 24 mois.

* Ceci fait également partie du programme de sécurité et du plan d'action (sous bioprotection).

SÉCURITÉ

PROTÉGER L'AMÉRIQUE DU NORD CONTRE LES MENACES EXTERNES

Sécurité des voyageurs
Sécurité des marchandises
Bioprotection

Sécurité des voyageurs

Sécurité des voyageurs : élaborer et mettre en œuvre des activités uniformes associées à des processus compatibles en vue des contrôles effectués avant le départ d'un port étranger et au premier point d'entrée en Amérique du Nord

INITIATIVE	AVANTAGES POUR L'AMÉRIQUE DU NORD	PRINCIPAUX ÉCHÉANCIERS
Élaborer et mettre en œuvre des normes et systèmes biométriques équivalents permettant d'améliorer la sécurité des passeports, visas, cartes de résident permanent, titres de transport et autres documents utilisés à la frontière.	Nous sommes déterminés à empêcher les voyageurs qui constituent une menace pour la sécurité nationale ou une menace en matière de criminalité de se rendre en Amérique du Nord. Grâce à la technologie biométrique, nos gouvernements pourront rationaliser de façon plus sécuritaire l'afflux de voyageurs à destination de l'Amérique du Nord. La biométrie permettra à nos gouvernements de délivrer aux citoyens et aux résidents des passeports et d'autres documents de voyage qui offrent un haut degré de résistance à la fraude ou à la contrefaçon et qui répondent aux exigences pertinentes visant les déplacements à l'intérieur et à destination de l'Amérique du Nord. L'identité des Nord-Américains n'en sera que mieux protégée contre le vol ou l'abus.	Mettre la technologie à l'essai et formuler des recommandations afin d'améliorer l'utilisation de la biométrie pour filtrer les voyageurs à destination de l'Amérique du Nord, en vue d'élaborer des systèmes biométriques compatibles qui serviront à la frontière et pour l'immigration, d'ici 12 mois. Élaborer des normes en matière de preuves de statut et de documents de nationalité sûrs et à moindre coût afin de faciliter le passage à la frontière, et s'efforcer d'atteindre une capacité de production optimale avant le 1er janvier 2008. En vue d'en arriver à des normes compatibles dans tous les programmes de transport pertinents, élaborer une stratégie pour coordonner la vérification des antécédents, la reconnaissance des titres étrangers et les normes de sécurité des documents, d'ici 36 mois. Concevoir un programme d'inscription unique, intégré, global pour les voyageurs nord-américains sûrs (p. ex., NEXUS, FAST, SENTRI) se déplaçant par air, terre et mer, d'ici 36 mois. Négocier un accord canado-américain sur la mise en commun des renseignements tirés des visas, d'ici 18 mois.

Sécurité des voyageurs : élaborer et mettre en œuvre des activités uniformes associées à des processus compatibles en vue des contrôles effectués avant le départ d'un port étranger et au premier point d'entrée en Amérique du Nord

INITIATIVE	AVANTAGES POUR L'AMÉRIQUE DU NORD	PRINCIPAUX ÉCHÉANCIERS
Établir et mettre en œuvre des mesures compatibles en matière d'immigration afin de resserrer la sécurité nord-américaine, notamment les exigences concernant l'admission et la durée de séjour; les normes décisionnelles concernant les visas; les systèmes de signalement; et l'examen de la faisabilité d'établir des procédures et des systèmes d'entrée et de sortie.	La compatibilité des processus de traitement des visas, dont la convergence de nos programmes de voyage sans visa, constitue un outil important de filtrage des voyageurs avant leur embarquement pour l'Amérique du Nord. Nous résumerons l'information et l'analyse des tendances pour prendre des décisions sur les voyages sans visa à destination de l'Amérique du Nord. La coordination des efforts bilatéraux permettra de déceler et de contrer les tendances à la migration illégale dans les pays d'origine et de transit à l'étranger.	Élaborer des points de référence pour les procédures et les politiques relatives au traitement des visas de visiteur, notamment en ce qui concerne le filtrage de sécurité, la validation des visas et la durée de séjour, d'ici 9 mois. Diriger et officialiser les consultations entre les agents consulaires et les agents chargés de la sécurité des visas du Canada, des États-Unis et du Mexique, d'ici 9 mois. Coordonner le déploiement d'agents d'immigration canadiens et américains à l'étranger afin de renforcer les mesures visant à contrer la tendance à la migration illégale vers l'Amérique du Nord, d'ici 21 mois. Mettre au point un mécanisme réciproque visant à éclairer l'examen des pays participant au programme de voyage sans visa, d'ici 12 mois.

Sécurité des voyageurs : élaborer et mettre en œuvre des activités uniformes associées à des processus compatibles en vue des contrôles effectués avant le départ d'un port étranger et au premier point d'entrée en Amérique du Nord

INITIATIVE	AVANTAGES POUR L'AMÉRIQUE DU NORD	PRINCIPAUX ÉCHÉANCIERS
S'efforcer d'assurer la compatibilité des systèmes pour échanger des données sur les voyageurs à risque élevé, et examiner la faisabilité d'un programme de partage en temps réel de renseignements sur ces voyageurs visant à éclairer les décisions prises en fonction de la gestion du risque que présentent les voyageurs se dirigeant vers l'Amérique du Nord ou y transitant.	En partenariat avec l'industrie du transport, nous travaillons à identifier et à exclure par filtrage les voyageurs à haut risque qui voyagent par avion à l'intérieur et à destination de l'Amérique du Nord.	Mettre la dernière main aux protocoles et à la mise en œuvre des échanges de données sur les voyageurs à haut risque à l'aide de systèmes compatibles d'information préalable sur les passagers, d'ici 12 mois. Le Canada et les États-Unis étudieront la possibilité d'établir un processus permettant la prise de décisions en fonction de la gestion du risque (autorisation ou interdiction de monter à bord) concernant les voyageurs se dirigeant vers l'Amérique du Nord ou y transitant, d'ici 12 mois. Élaborer des critères compatibles de signalement des présumés terroristes et criminels, d'ici 9 mois.

Sécurité des marchandises

Sécurité des marchandises : élaborer et mettre en œuvre des méthodes de contrôle des marchandises et des cargaisons compatibles avant le départ d'un port étranger et au premier point d'entrée en Amérique du Nord

INITIATIVE	AVANTAGES POUR L'AMÉRIQUE DU NORD	PRINCIPAUX ÉCHÉANCIERS
Développer et élargir nos partenariats publics-privés conjoints pour assurer la sécurité de la chaîne d'approvisionnement des biens entrant en Amérique du Nord et pour accélérer le transport des biens à faible risque au sein de l'Amérique du Nord.	On sécurisera mieux notre chaîne d'approvisionnement en exploitant les compétences et les ressources du secteur privé, tout en simplifiant les mouvements de biens à faible risque.	Élaborer des cibles visant à accroître le pourcentage des expéditions par FAST/EXPRES aux sites convenus de FAST/d'EXPRES, y compris des activités de marketing conjointes, dans un délai de 12 mois, puis une fois l'an par la suite. Rendre compatibles les exigences canadiennes et américaines concernant la participation aux programmes Partenariat entre les douanes et les entreprises contre le terrorisme (C-TPAT) et Partenaires en protection (PEP), d'ici 36 mois.

Sécurité des marchandises : élaborer et mettre en œuvre des méthodes de contrôle des marchandises et des cargaisons compatibles avant le départ d'un port étranger et au premier point d'entrée en Amérique du Nord

INITIATIVE	AVANTAGES POUR L'AMÉRIQUE DU NORD	PRINCIPAUX ÉCHÉANCIERS
Élaborer, pour la sécurité de la chaîne d'approvisionnement intermodale, des normes, des technologies et des processus compatibles axés sur la gestion du risque, sur une approche multidimensionnelle visant à assurer la sécurité de la chaîne d'approvisionnement et sur la circulation rapide des biens à faible risque.	Nos efforts concertés nous permettront d'accroître l'efficacité de nos méthodes de contrôle des marchandises entrant en Amérique du Nord grâce à une multitude d'initiatives visant à mieux cibler les cargaisons à risque élevé et à accélérer la circulation des autres marchandises.	Évaluer d'ici 6 mois le manifeste électronique, puis, d'ici 18 mois, veiller à en étendre l'utilisation. Formuler des recommandations sur des régimes compatibles de ciblage et d'inspection des marchandises qui arrivent par transport aérien, terrestre ou maritime, et ce, d'ici 9 mois. D'ici 6 mois, créer un programme quinquennal Canada–États-Unis visant à harmoniser les systèmes automatisés d'information sur les expéditions commerciales, y compris la transmission de renseignements préalables à plusieurs ministères et le concept de guichet unique pour respecter les exigences des autres ministères et organismes. Élaborer et mettre en œuvre une initiative États-Unis–Mexique sur les marchandises, qui comprend l'application de la règle de 24 heures, l'échange de manifestes sur les cargos et le ciblage de sécurité conjoint. Établir des liens appropriés, y compris des programmes d'échange de personnel entre les agences de douanes canadiennes, mexicaines et américaines, afin d'assurer les analyses des données sur les cargaisons et l'échange approprié d'information sur les cargaisons à risque élevé. Dans les 18 mois suivant son adoption, promouvoir la mise en œuvre du Cadre de normes de l'Organisation mondiale des douanes visant à sécuriser et à faciliter le commerce mondial en renforçant les capacités et en offrant une aide technique aux administrations douanières moins avancées.

Sécurité des marchandises : élaborer et mettre en œuvre des méthodes de contrôle des marchandises et des cargaisons compatibles avant le départ d'un port étranger et au premier point d'entrée en Amérique du Nord

INITIATIVE	AVANTAGES POUR L'AMÉRIQUE DU NORD	PRINCIPAUX ÉCHÉANCIERS
Assurer la compatibilité des systèmes nationaux et internationaux de contrôle à l'exportation et veiller à ce que les pays de l'Amérique du Nord ne servent pas à détourner des biens ou des technologies sensibles en provenance du Canada, des États-Unis ou du Mexique vers des pays et des utilisateurs finaux interdits par les trois pays.	Nous sommes déterminés à empêcher que des biens ou des technologies sensibles tombent entre de mauvaises mains, et nous mettons tout en œuvre pour faire respecter les lois qui s'appliquent tout en appuyant le commerce sécuritaire et dynamique.	Mettre en place un mécanisme officiel de dialogue continu sur les questions relatives aux contrôles à l'exportation à double usage, y compris sur les normes connexes, d'ici 12 mois. Élaborer un plan visant à renforcer la conformité avec les contrôles à l'exportation, d'ici 12 mois. Évaluer les options visant à rendre plus compatibles les régimes canadien et américain de contrôle à l'exportation, y compris les questions liées au transbordement frauduleux et au détournement illicite de biens « contrôlés », d'ici 21 mois. Les États-Unis et le Mexique élaboreront et mettront en œuvre, d'ici 9 mois, un système leur permettant de repérer les marchandises visées par le biais de leur mécanisme d'échange ou de contre-vérification des données sur les cargaisons en direction du sud et du nord.

Sécurité des marchandises : élaborer et mettre en œuvre des méthodes de contrôle des marchandises et des cargaisons compatibles avant le départ d'un port étranger et au premier point d'entrée en Amérique du Nord

INITIATIVE	AVANTAGES POUR L'AMÉRIQUE DU NORD	PRINCIPAUX ÉCHÉANCIERS
Élaborer et mettre en œuvre progressivement un plan visant à contrôler l'importation et l'exportation de matières nucléaires et radioactives conformément aux lignes directrices de l'Agence internationale de l'énergie atomique sur les sources radioactives.	Les trois gouvernements ont intérêt à protéger les Nord-Américains contre les utilisations malveillantes de matières nucléaires et radioactives à risque élevé. Nous travaillons ensemble à surveiller de façon plus étroite l'entrée, la sortie et la circulation de ces matières à risque élevé en Amérique du Nord.	Mettre en œuvre d'ici 18 mois des contrôles à l'exportation et à l'importation sur les sources radioactives, y compris les avis sur les transferts transfrontaliers, afin d'assurer que ces matières sont utilisées uniquement à des fins pacifiques (la mise en œuvre par le Canada et les Etats-Unis conformément aux obligations du G-8). Finir de mettre en place, à d'importants points d'entrée de personnes et de marchandises en Amérique du Nord, un dispositif de détection de la radiation pour prévenir la contrebande de matières nucléaires et radioactives, au cours des 36 prochains mois.

Bioprotection

Bioprotection : élaborer et mettre en œuvre une stratégie nord-américaine de bioprotection afin d'évaluer, prévenir et repérer les menaces envers la santé publique et les systèmes agroalimentaire et agricole, ainsi que se protéger contre ces menaces et y réagir, qu'elles soient intentionnelles ou naturelles

INITIATIVE	AVANTAGES POUR L'AMÉRIQUE DU NORD	PRINCIPAUX ÉCHÉANCIERS
Entreprendre des évaluations conjointes des menaces et de la vulnérabilité, et mener des exercices en partenariat au sein du système de santé et des systèmes agroalimentaire et agricole.	Dans le but de mieux protéger nos citoyens des menaces envers nos systèmes de santé publique et nos systèmes agroalimentaire et agricole, nous devons cerner les vulnérabilités concernant ces systèmes.	D'ici 30 mois, mettre en commun la méthodologie et l'information générale sur les évaluations de la menace et de la vulnérabilité concernant les systèmes agroalimentaire et agricole, et entreprendre des évaluations conjointes de la menace et de la vulnérabilité dans les secteurs présentant des lacunes ou dans ceux où des améliorations et des éclaircissements sont requis. Grâce à des mises à l'essai et des exercices réguliers, exécuter d'ici 18 mois des plans de continuité opérationnelle concernant le contrôle et l'enrayement des maladies infectieuses.

Bioprotection : élaborer et mettre en œuvre une stratégie nord-américaine de bioprotection afin d'évaluer, prévenir et repérer les menaces envers la santé publique et les systèmes agroalimentaire et agricole, ainsi que se protéger contre ces menaces et y réagir, qu'elles soient intentionnelles ou naturelles

INITIATIVE	AVANTAGES POUR L'AMÉRIQUE DU NORD	PRINCIPAUX ÉCHÉANCIERS
Rédiger et signer des protocoles de soutien mutuel et de coordination en cas d'urgence transfrontalière.	L'aide mutuelle en cas d'urgence transfrontalière dans le domaine de la santé publique renforcera les ressources communes et les compétences de façon à pouvoir protéger nos citoyens plus rapidement et adéquatement.	D'ici 24 mois, rédiger et signer des protocoles de soutien mutuel pour optimiser nos capacités d'intervention dans l'éventualité d'urgences transfrontalières en matière de santé publique. Il s'agit de fournir un cadre pour le déploiement coordonné des mesures d'urgence. D'ici 9 mois, mettre en commun les plans d'isolement et de quarantaine en situation d'urgence transfrontalière (maladie infectieuse). D'ici 12 mois, étudier la possibilité de mettre sur pied un système de suivi et de contrôle des agents pathogènes dangereux pour les humains en Amérique du Nord. D'ici 9 mois, adopter des positions communes concernant les directives à donner aux organisations internationales de transport au sujet du transport du matériel de diagnostic et des échantillons.
Mettre en commun les stratégies pour la constitution de réserves et la distribution des contre-mesures pour les humains et les animaux.	Nous serons mieux en mesure de fournir à nos citoyens des vaccins et des antidotes lorsque nécessaire.	D'ici 6 mois, compléter l'évaluation de la quantité de vaccins pour animaux devant être entreposés. Travailler en collaboration dans le cadre des forums multilatéraux sur la santé pour finaliser des cadres opérationnels et la mise en œuvre de réserves internationales de vaccins antivarioliques, d'ici 9 mois.

Bioprotection : élaborer et mettre en œuvre une stratégie nord-américaine de bioprotection afin d'évaluer, prévenir et repérer les menaces envers la santé publique et les systèmes agroalimentaire et agricole, ainsi que se protéger contre ces menaces et y réagir, qu'elles soient intentionnelles ou naturelles

INITIATIVE	AVANTAGES POUR L'AMÉRIQUE DU NORD	PRINCIPAUX ÉCHÉANCIERS
En collaboration, mettre sur pied un système permettant de cerner, d'évaluer et d'atténuer le risque de menace intentionnelle envers les animaux, les végétaux et les produits alimentaires en Amérique du Nord et à destination de l`Amérique du Nord.	L'élaboration d'une stratégie coordonnée afin d`atténuer les menaces envers les animaux, les végétaux et les produits alimentaires renforcera la sécurité et la fiabilité de notre approvisionnement alimentaire.	D'ici 24 mois, élaborer une stratégie coordonnée pour cerner et gérer les menaces envers nos secteurs de l'approvisionnement alimentaire et de l'agriculture, qui est fondée sur des processus douaniers efficaces et est conforme aux lois applicables dans chaque pays. Mettre en commun d'ici 9 mois des approches concernant la définition des risques posés par les aliments importés.
Conclure des ententes d'échange d'information concernant les activités d'application de la loi et les urgences.	L'établissement de protocoles nous donne les outils nécessaires pour cerner et prévenir les menaces envers la santé publique et les systèmes agroalimentaires, et intervenir rapidement.	Cerner les obstacles concernant l'échange d'information et y remédier, d'ici 24 mois. Élaborer des mécanismes et des critères permettant d'émettre rapidement des avis en cas de rappel de produits qui pourraient présenter des risques pour la santé, d`ici 9 mois. D'ici 24 mois, améliorer les procédures trilatérales de mise en commun de l'information en temps opportun durant une crise touchant les aliments et l'agriculture. Élaborer et mettre à l'essai une infrastructure binationale de communication rapide des urgences 24/7/365.

Bioprotection : élaborer et mettre en œuvre une stratégie nord-américaine de bioprotection afin d'évaluer, prévenir et repérer les menaces envers la santé publique et les systèmes agroalimentaire et agricole, ainsi que se protéger contre ces menaces et y réagir, qu'elles soient intentionnelles ou naturelles

INITIATIVE	AVANTAGES POUR L'AMÉRIQUE DU NORD	PRINCIPAUX ÉCHÉANCIERS
Améliorer la surveillance de la santé humaine, animale et végétale en concevant des systèmes interopérables pour détecter rapidement les maladies infectieuses dans ces différentes populations et surveiller leur évolution.	Le renforcement de l'interopérabilité des systèmes de surveillance de la santé publique des trois pays nous donnera des outils utiles pour intervenir plus rapidement et éviter une plus grande propagation des maladies infectieuses.	D'ici 9 mois, organiser un atelier sur la surveillance transfrontalière visant à détecter rapidement les maladies infectieuses. Cet atelier aura pour but d'échanger des solutions aux problèmes communs et des pratiques exemplaires. D'ici 12 mois, élaborer un plan nord-américain d'intervention dans l'éventualité d'une pandémie de grippe. Échanger de l'information au sujet de la recherche et de l'évaluation des essais cliniques concernant les pandémies de grippe, d'ici 12 mois.
Améliorer la recherche sur la surveillance de la santé publique en établissant des liens entre les laboratoires de santé publique en Amérique du Nord et les réseaux de laboratoires agroalimentaires et agricoles.	En facilitant la communication entre les laboratoires de santé publique, agroalimentaires et agricoles, nous pourrons améliorer considérablement nos capacités globales de surveillance de la santé, ce qui nous permettra de repérer et de prévenir les menaces éventuelles pour la santé et/ou d'intervenir plus efficacement.	D'ici 6 mois, évaluer l'infrastructure actuelle des laboratoires en ce qui concerne la capacité d'échange électronique des données. D'ici 21 mois, améliorer la communication et la coopération entre les laboratoires des trois pays. D'ici 24 mois, étudier des protocoles en vue de créer des systèmes de surveillance visant à détecter rapidement les maladies infectieuses, lesquels seront interopérables à nos frontières communes.

PRÉVENIR LES MENACES EN PROVENANCE DE L'AMÉRIQUE DU NORD ET Y RÉPONDRE

Sûreté du transport aérien
Sécurité maritime
Coopération en matière d'application de la loi
Coopération en matière de renseignement
Protection, prévention et réponse

Sûreté du transport aérien

Sûreté du transport aérien : élaborer et mettre en œuvre une stratégie visant des approches équivalentes pour la sûreté aérienne en Amérique du Nord

INITIATIVE	AVANTAGES POUR L'AMÉRIQUE DU NORD	PRINCIPAUX ÉCHÉANCIERS
Élaborer, mettre à l'essai, évaluer et mettre en œuvre un plan visant à établir un système comparable d'inspection des voyageurs aériens, ainsi que des bagages et du fret aérien.	Le développement de normes comparables en matière d'inspection des passagers, des bagages et du fret aérien assure une meilleure coordination et renforce la sûreté de l'espace aérien et des passagers aériens en Amérique du Nord.	Conclure d'ici 12 mois un mémoire de coopération trilatéral visant à officialiser le rôle de la Réunion d'aviation trilatérale de l'Amérique du Nord pour ce qui est de réaliser les objectifs trilatéraux en matière de sûreté aérienne civile dans le cadre du Partenariat pour la sécurité et la prospérité. Élaborer d'ici 6 mois des procédures opérationnelles et des normes d'instruction comparables pour les agents gouvernementaux d'application de la loi chargés de la sûreté en vol en Amérique du Nord. D'ici 36 mois, améliorer la sécurité des marchandises transportées par les aéronefs de passagers et les avions de fret grâce à des protocoles comparables de contrôle et d'inspection des marchandises à l'importation et à l'exportation, et étudier la possibilité de mettre en œuvre une base de données interopérable sur les expéditeurs connus. Élaborer d'ici 24 mois des normes et des procédures comparables concernant le contrôle des bagages enregistrés. Élaborer d'ici 24 mois des normes et des procédures comparables concernant le contrôle des passagers pour accroître la sûreté du transport aérien. À des fins de sûreté aérienne, chaque pays a élaboré, élabore ou pourrait élaborer d'ici 24 mois son propre programme d'évaluation des passagers (jugés inadmissibles à prendre l'avion) pour les vols en provenance, en direction ou à l'intérieur de ce pays afin de s'assurer que les personnes qui présentent une menace pour la sûreté aérienne soient suivies ou qu'on leur refuse l'embarquement.

Sécurité maritime

Sécurité maritime : élaborer et mettre en œuvre une stratégie pour améliorer la sécurité du transport maritime et des ports en Amérique du Nord

INITIATIVE	AVANTAGES POUR L'AMÉRIQUE DU NORD	PRINCIPAUX ÉCHÉANCIERS
Participer au resserrement de la sécurité de nos ports et navires grâce à la réalisation d'évaluations équivalentes des menaces, des vulnérabilités et des risques, ainsi qu'à des programmes de vérification mutuellement reconnus.	Nos mesures visent à définir et à contrer les menaces avant qu'elles ne parviennent dans les eaux nord-américaines et à garantir que le fret maritime légitime soit traité rapidement dès son arrivée dans un port nord-américain.	Établir d'ici 9 mois des stratégies pour la mise en commun de l'information en vue d'élaborer des mesures efficaces de sécurité des navires et des installations portuaires, et d'harmoniser leur application. Élaborer d'ici 21 mois des stratégies compatibles pour la mise en œuvre du Code international pour la sûreté des navires et des installations portuaires ainsi que des règlements nationaux correspondants pour la sécurité des infrastructures au large des côtes et en mer. Créer d'ici 9 mois un programme de vérification de la sécurité des ports et des installations portuaires afin d'établir des normes de sécurité pour les installations nord-américaines et internationales de même que pour les navires recevant ou transportant des cargaisons internationales. D'ici 33 mois, créer une capacité de coordination afin d'intervenir en cas d'incidents maritimes et de minimiser les répercussions de ceux-ci sur le commerce maritime.

Sécurité maritime : élaborer et mettre en œuvre une stratégie pour améliorer la sécurité du transport maritime et des ports en Amérique du Nord

INITIATIVE	AVANTAGES POUR L'AMÉRIQUE DU NORD	PRINCIPAUX ÉCHÉANCIERS
Élaborer et mettre en œuvre un plan afin que soient compatibles les différents régimes réglementaires et opérationnels de sécurité maritime.	La création d'un environnement compatible de réglementation maritime permet la mise en place d'une approche uniforme concernant les navires et les cargaisons à destination des eaux nord-américaines ou s'y trouvant.	D'ici 21 mois, cerner les améliorations à apporter aux cadres réglementaires nationaux et internationaux afin d'accroître la sécurité du système de transport maritime et d'établir une stratégie coordonnée pour appliquer, voire élargir des régimes et des programmes réglementaires nationaux compatibles visant les navires privés, commerciaux, de plaisance et de pêche. Mettre en œuvre d'ici 33 mois des stratégies de surveillance à longue portée de navires et de surveillance côtière accrue de petits bâtiments effectuant des voyages internationaux. Élaborer d'ici 24 mois des stratégies visant à mieux coordonner les activités internationales de renseignement de sécurité dans le secteur maritime. Élaborer d'ici 12 mois une approche de collaboration concernant les navires battant pavillon de chaque pays qui communiquent avec les ports d'un des autres pays.

Coopération en matière d'application de la loi

Coopération en matière d'application de la loi : élaborer et mettre en œuvre une stratégie de lutte contre les menaces transnationales visant le Canada, les États-Unis et le Mexique

INITIATIVE	AVANTAGES POUR L'AMÉRIQUE DU NORD	PRINCIPAUX ÉCHÉANCIERS
Améliorer l'échange d'information et la coopération en matière d'application de la loi, notamment entre les enquêteurs et les procureurs, relativement aux activités illégales qui se déroulent entre les différents points d'entrée, ainsi qu'au crime organisé transfrontalier, à la contrefaçon, aux crimes économiques et au trafic d'alcool, d'armes à feu, de stupéfiants et d'explosifs.	Le Canada, le Mexique et les États-Unis sont tous les trois touchés par les activités transfrontalières des organisations criminelles. Les trois pays tireront profit d'une plus grande efficacité des enquêtes sur ces éléments criminels et des poursuites qui en découleront. Une coopération plus efficace, qu'il s'agisse de mécanismes renforcés d'échange d'information ou de nouvelles procédures compatibles, réduira la violence dans nos collectivités et le long de nos frontières, et se traduira par une sécurité accrue en Amérique du Nord. Une collaboration plus étroite nous permettra de travailler plus efficacement à éliminer le trafic de personnes, à combattre le crime organisé ainsi qu'à contrer la circulation illicite de stupéfiants, d'armes à feu, de produits chimiques et autres matières dangereuses.	D'ici 21 mois, formuler des recommandations pour alléger d'importantes restrictions juridiques liées à la mise en commun de renseignements d'enquêtes. D'ici 24 mois, déployer des efforts de coopération entre les services chargés de l'application de la loi et améliorer les activités d'échange d'information dans les domaines des crimes financières et de la transparence commerciale. D'ici 12 mois, évaluer le regroupement d'analystes canadiens et américains au sein d'équipes intégrées de la police des frontières à 4 sites pilotes. Poursuivre comme il se doit la vigoureuse coopération entre les autorités américaines et mexicaines de l'immigration chargées d'appréhender les fugitifs. Dans un délai de 21 mois, recourir au protocole États-Unis–Mexique d'extradition temporaire dans le cas des fugitifs recherchés pour subir leur procès dans les deux pays. D'ici 24 mois, évaluer la menace et le risque d'activités criminelles et terroristes dans le réseau Grands Lacs/Voie maritime du Saint-Laurent, et concevoir des programmes de coopération entre les services chargés de l'application de la loi dans le but précis d'interdire les contrebandiers et trafiquants et d'assurer la sécurité à la frontière.

Coopération en matière d'application de la loi : élaborer et mettre en œuvre une stratégie de lutte contre les menaces transnationales visant le Canada, les États-Unis et le Mexique

INITIATIVE	AVANTAGES POUR L'AMÉRIQUE DU NORD	PRINCIPAUX ÉCHÉANCIERS
		D'ici 18 mois, créer sur une base d'essai des groupes de travail américano-mexicains qui mettront en commun des renseignements dans le but de cibler les activités criminelles transfrontalières, en particulier les gangs criminels et les réseaux d'organisations trafiquantes. D'ici 18 mois, améliorer le réseau international d'agents de liaison pour faciliter la mise en commun et l'analyse des renseignements, et pour aider les autorités compétentes à mener leurs enquêtes criminelles et leurs enquêtes de sécurité. D'ici 3 mois, approuver 7 programmes américano-mexicains précis sur l'échange d'information afin de permettre la détection et le démantèlement des organisations criminelles impliquées dans l'exploitation sexuelle ou de la main-d'œuvre, surtout dans le cas des enfants et des femmes. D'ici 18 mois, créer des mécanismes de coopération mutuelle entre les services chargés de l'application de la loi, qui favorisent l'identification rapide des pirates informatiques et la réussite des poursuites qui en découlent.

Coopération en matière d'application de la loi : élaborer et mettre en œuvre une stratégie de lutte contre les menaces transnationales visant le Canada, les États-Unis et le Mexique

INITIATIVE	AVANTAGES POUR L'AMÉRIQUE DU NORD	PRINCIPAUX ÉCHÉANCIERS
Examiner les efforts et la coordination qui sont actuellement assurés pour lutter contre le terrorisme afin d'optimiser l'efficacité, y compris analyser les enquêtes antérieures menées sur des activités terroristes pour recenser les pratiques exemplaires et les leçons tirées.	Cette initiative porte sur les vulnérabilités connues constituant une menace terroriste importante en matière de sécurité nationale pour chaque pays, et vise à protéger leurs citoyens à l'aide d'une stratégie globale nord-américaine d'intervention intégrée.	D'ici 12 mois, élaborer une stratégie trilatérale globale de coopération entre les services chargés de l'application de la loi pour réagir à tout incident terroriste transnational survenant en Amérique du Nord. D'ici 18 mois, accroître la coopération en matière de financement terroriste, et tenter d'obtenir la ratification de la Convention de l'Organisation des États américains sur la lutte contre le terrorisme.
Collaborer dans les dossiers de détention et d'expulsion afin d'accélérer le renvoi des clandestins vers leur pays d'origine.	Cette initiative vise à protéger les collectivités contre les terroristes, les criminels dangereux et les gangs grâce à des mécanismes de renvoi accéléré, et contribue à l'intégrité de nos programmes d'immigration respectifs.	Collaborer afin d'obtenir des pays récalcitrants les documents de voyage qui permettent le renvoi de leurs ressortissants. D'ici 18 mois, renégocier l'Arrangement de réciprocité Canada–États-Unis concernant l'échange de personnes expulsées. Élargir les opérations de renvoi conjointes canado-américaines.

Coopération en matière de renseignement

Coopération en matière de renseignement : améliorer les partenariats concernant le renseignement relatif à la sécurité de l'Amérique du Nord

INITIATIVE	AVANTAGES POUR L'AMÉRIQUE DU NORD	PRINCIPAUX ÉCHÉANCIERS
Renforcer notre capacité à lutter contre le terrorisme grâce à une mise en commun appropriée des données concernant le signalement des terroristes et l'établissement de liens appropriés entre le Canada, les États-Unis et le Mexique.	Le partage efficace des renseignements de sécurité et d'autre information renforce notre capacité à détecter, à empêcher et à prévenir les activités terroristes en Amérique du Nord et à l'étranger.	Les trois pays négocieront des ententes bilatérales concernant la mise en commun des renseignements concernant le signalement des terroristes. Examiner les moyens de combler les lacunes qui touchent les réseaux pour la mise en commun des renseignements transfrontaliers. D'ici 9 mois, effectuer des analyses conjointes de la nature et de la portée de la menace terroriste en Amérique du Nord, et définir les questions d'intérêt commun et les interdépendances dont il faudra tenir compte dans les analyses.

Protection, prévention et réponse

Protection, prévention et réponse : élaborer et mettre en œuvre une approche commune en matière de protection des infrastructures essentielles et de réponse aux incidents terroristes transfrontaliers et, selon le cas, aux catastrophes naturelles

INITIATIVE	AVANTAGES POUR L'AMÉRIQUE DU NORD	PRINCIPAUX ÉCHÉANCIERS
Élaborer et mettre en œuvre des stratégies et programmes compatibles de protection et d'intervention pour les infrastructures essentielles communes, dans les domaines prioritaires convenus mutuellement (c.-à-d., production et distribution d'électricité, oléoducs, gazoducs, barrages, télécommunications, transports, secteur nucléaire, matériel radiologique, bases industrielles de défense et systèmes informatiques).	La protection des infrastructures nord-américaines intégrées est essentielle au fonctionnement quotidien de nos collectivités et de nos économies nationales respectives.

Le fait de mieux sécuriser ces infrastructures les protège contre les attentats malveillants et garantit que l'ensemble de nos citoyens continueront d'avoir accès aux produits et services qu'elles fournissent. | D'ici 18 mois, élaborer des procédures et des méthodes convenues mutuellement pour évaluer la vulnérabilité.

Au cours des deux prochaines années, prioriser les infrastructures essentielles qui nécessitent une évaluation de la vulnérabilité, définir les ressources et amorcer les évaluations conjointes.

Faciliter l'échange de pratiques exemplaires entre gouvernements et exploitants d'infrastructures essentielles. |
| Élaborer et mettre en œuvre des plans d'intervention communs et organiser des activités de formation et des exercices conjoints en ce qui concerne l'intervention en cas d'urgence. | Des plans d'intervention coordonnés amélioreront sensiblement la capacité des trois pays de protéger leurs citoyens, de réduire au minimum les pertes humaines et les dommages à la propriété, et de rétablir les services de base et le commerce. | Entamer la planification d'ici 12 mois d'un exercice de préparation en vue des Jeux olympiques d'hiver, qui auront lieu à Vancouver/Whistler en 2010.

Élaborer d'ici 12 mois un plan afin de renforcer les mécanismes servant à assurer la communication et à coordonner l'intervention en cas d'urgence, y compris des protocoles d'assistance mutuelle et de collaboration dans l'éventualité de catastrophes naturelles, technologiques ou industrielles, ou d'actes malveillants. |

Protection, prévention et réponse : élaborer et mettre en œuvre une approche commune en matière de protection des infrastructures essentielles et de réponse aux incidents terroristes transfrontaliers et, selon le cas, aux catastrophes naturelles

INITIATIVE	AVANTAGES POUR L'AMÉRIQUE DU NORD	PRINCIPAUX ÉCHÉANCIERS
		D'ici 12 mois, participer à des programmes coordonnés de formation et d'exercices conjoints, qui conduiront à des exercices de grande envergure.
		D'ici 12 mois, développer un système de communication interopérable pour assurer une coordination appropriée entre le Canada, les États-Unis et le Mexique afin de gérer les incidents à la frontière.
		D'ici 12 mois, élaborer des protocoles coordonnés pour la continuité opérationnelle à la frontière dans l'éventualité d'une catastrophe ou d'une élévation des niveaux d'alerte.
		D'ici 18 mois, améliorer la coordination des efforts au sein de forums régionaux et multilatéraux afin de renforcer les buts concernant la réponse aux incidents touchant la sécurité informatique.
		D'ici 6 mois, mettre en commun les plans de communication permettant de fournir des mises à jour rapides aux transporteurs privés en cas d'incidents.

SIMPLIFIER DAVANTAGE LES MESURES DE SÉCURITÉ POUR LA CIRCULATION TRANFRONTALIÈRE À FAIBLE RISQUE

Facilitation de la circulation transfrontalière
Coopération en sciences et technologie

Facilitation de la circulation transfrontalière

Facilitation de la circulation transfrontalière : accroître les capacités et améliorer la circulation des voyageurs et des marchandises légitimes aux points d'entrée en Amérique du Nord

INITIATIVE	AVANTAGES POUR L'AMÉRIQUE DU NORD	PRINCIPAUX ÉCHÉANCIERS
Améliorer l'efficacité des infrastructures frontalières existantes et réduire les périodes de transit en élargissant les programmes de facilitation de l'entrée lorsque le risque est faible, notamment NEXUS, SENTRI et EXPRES. Travailler de concert avec le secteur privé, les provinces et les États et les administrations locales afin de construire de nouvelles infrastructures frontalières pour répondre à la demande à long terme.	Les longues attentes et la congestion de la circulation à nos frontières sont coûteuses pour nos économies et pèsent inutilement sur les voyageurs et les marchandises légitimes qui traversent les frontières. L'élaboration d'un plan d'investissement dans les infrastructures et les transports permettra aux trois pays de compémenter leurs futures dépenses publiques et d'offrir aux utilisateurs des frontières des améliorations bien planifiées à l'égard des infrastructures et des transports à chacune des frontières. À mesure que le commerce s'accroîtra, nous améliorerons nos infrastructures, le long de nos frontières, afin de nous adapter au volume croissant de circulation et à la demande accrue de sécurité et d'efficacité en matière de circulation à la frontière. Nos gouvernements favoriseront la circulation sûre et efficace des voyageurs et des marchandises légitimes.	Étendre le programme SENTRI à San Ysidro (CA) / Tijuana; Calexico (CA) / Mexicali (BC); Nogales (AZ) / Nogales (SON); El Paso (TX) / Cd. Juarez (CHIH); Laredo (TX) / Nuevo Laredo (SON); Brownsville (TX) / Matamoros (TAMPS), d'ici 12 mois. Étendre les sites EXPRES aux postes frontaliers prioritaires suivants : Santa Teresa (NM) / Cd. Juarez (CHIH); Rio Grande City (TX) / Camargo (TAMPS); Tecate (CA) / Tecate (BC); Douglas (AZ) / Agua Prieta (SON); San Luis (AZ) / San Luis Rio Colorado (SON); Eagle Pass (TX) / Piedras Negras (COAH); Del Rio (TX) / Cd. Acuna (COAH), d'ici 6 mois. D'ici les 6 prochains mois, élaborer un plan visant à élargir le projet pilote NEXUS-Aérien de Vancouver à l'intérieur de l'Amérique du Nord et étudier la faisabilité d'étendre l'admissibilité au NEXUS-Aérien aux ressortissants mexicains. En partenariat avec les parties intéressées, réduire de 25 % les périodes de transit au passage frontalier Windsor–Detroit, d'ici 6 mois, et examiner la possibilité d'appliquer le Défi 25 % à d'autres postes le long de la frontière terrestre canado-américaine, d'ici 18 mois. Compléter la négociation d'une entente formelle canado-américaine sur le prédédouanement terrestre d'ici 6 mois. La mise en œuvre de deux projets pilotes de prédédouanement terrestre nécessitera des modifications législatives.

FACILITATION DE LA CIRCULATION TRANSFRONTALIÈRE

Facilitation de la circulation transfrontalière : accroître les capacités et améliorer la circulation des voyageurs et des marchandises légitimes aux points d'entrée en Amérique du Nord

INITIATIVE	AVANTAGES POUR L'AMÉRIQUE DU NORD	PRINCIPAUX ÉCHÉANCIERS
		Évaluer la faisabilité de rationaliser davantage le traitement EXPRES des marchandises aux points d'entrée d'ici 18 mois (« Voies vertes »). Élaborer et mettre en œuvre un système efficace pour calculer avec précision les temps de transit à la frontière et en faire rapport, d'ici 36 mois. Convertir les voies SENTRI en voies NEXUS aux postes frontaliers américano-mexicains, d'ici 18 mois. Compléter une revue des besoins et définir les priorités touchant les installations relatives aux transports et à la frontière, d'ici 24 mois. Élaborer aussi un plan de concert avec les partenaires des provinces et des États afin d'établir l'ordre des priorités au chapitre des investissements futurs dans les infrastructures pour 2008.
Travailler de concert avec le secteur privé, les provinces, les États et les administrations locales afin de construire de nouvelles infrastructures frontalières pour répondre à la demande à long terme, y compris ouvrir un poste d'entrée pour accélérer la circulation du fret à faible risque.	L'expansion des infrastructures frontalières maximisera les possibilités offertes par les programmes actuels à faible risque comme EXPRES, NEXUS et SENTRI. Elle permettra également de mieux appuyer le commerce accru découlant de l'ALENA et d'accélérer le traitement de sécurité de toutes les marchandises et de tous les voyageurs transfrontaliers.	Entreprendre la construction de voies additionnelles désignées EXPRES à Nogales (AZ) – Nogales (SON), d'ici 6 mois. D'ici 24 mois, étudier la faisabilité d'un projet pilote de conversion d'un point d'entrée existant au Texas à l'usage exclusif du fret et des passagers sûrs inscrits au préalable, et considérer la possibilité de construire un point d'entrée nouveau à faible risque à Otay Mesa. D'ici 12 mois, étudier la faisabilité d'étendre le programme EXPRES au transport aérien et maritime afin de fournir un service de traitement de sécurité accéléré des marchandises désignées à faible risque, au premier poste d'entrée en Amérique du Nord.

Coopération en sciences et technologie

Coopération en sciences et technologie : cerner, développer et déployer de nouvelles technologies pour faciliter l'atteinte de nos objectifs communs en matière de sécurité et promouvoir la libre circulation des personnes et des marchandises légitimes à la frontière

INITIATIVE	Avantages pour l'Amérique du Nord	PRINCIPAUX ÉCHÉANCIERS
Continuer d'installer des équipements de pointe le long de la frontière américano-mexicaine pour favoriser la circulation efficace et sûre des personnes et des marchandises, et continuer de repérer les sites propices pour les déployer.	Utiliser notre savoir scientifique et technologique respectif pour trouver des solutions novatrices rend nos frontières plus efficaces et sécuritaires.	Cerner et évaluer les solutions technologiques qui permettraient de renforcer la sécurité frontalière et de faciliter la circulation des voyageurs et des biens présentant un faible risque à la frontière externe nord-américaine. Organiser un atelier sur le terrorisme agricole traitant notamment de la sécurité transfrontalière des aliments et de la recherche concernant les maladies animales exotiques (p. ex. la fièvre aphteuse).
Établir un programme conjoint de recherche-développement en sciences et technologie dans le domaine de la sécurité fondé sur les priorités établies grâce à une évaluation coordonnée des risques.	Recourir aux ressources scientifiques et d'ingénierie canadiennes et américaines permet de développer les capacités technologiques requises pour renforcer la sécurité dans les deux pays.	Par le biais du Programme technique canado-américain de sécurité publique, collaborer en matière de recherche, de développement, de mise à l'essai, d'évaluation et de déploiement des technologies en ce qui a trait à la sécurité publique. Approuver et mettre en œuvre des projets de collaboration concernant les lacunes technologiques prioritaires en matière de sécurité frontalière, de biosécurité, de protection des infrastructures essentielles et de lutte au terrorisme.